謹以此書獻給父親 蕭輝楷教授

女兒蕭映仁 敬上

蕭萐樹著

哲学問題論集

蕭輝楷先生婚照（後排右三、四為蕭輝楷夫婦，前排右四、三為唐君毅先生、師母，前排右二為徐東濱先生，後排右二為胡菊人先生，前排右一小童為胡懷中先生）

唐君毅先生陪伴蕭輝楷夫婦敬酒（中間舉杯者為蕭輝楷夫婦）

中大哲學教授唐君毅先生與唐師母

哲學家聚會（右三為蕭輝楷，右一為陳特先生，右二為司馬長風先生、左一為徐東濱先生）

哲學文人座談交流會議（後排左二為蕭輝楷，後排右二為唐君毅先生，前排左邊為陳特先生，前排右邊為司馬長風先生）

蕭輝楷（圖左）與中大哲學教授陳特先生

蕭輝楷（左一）偕同妻子（右一）與賀麟教授及賀師母合照

國際方東美哲學研討會開幕典禮合影　中華民國七十六年八月十六日於台北

International Symposium on Thomé H. Fang's Philosophy August 16, 1987, Taipei

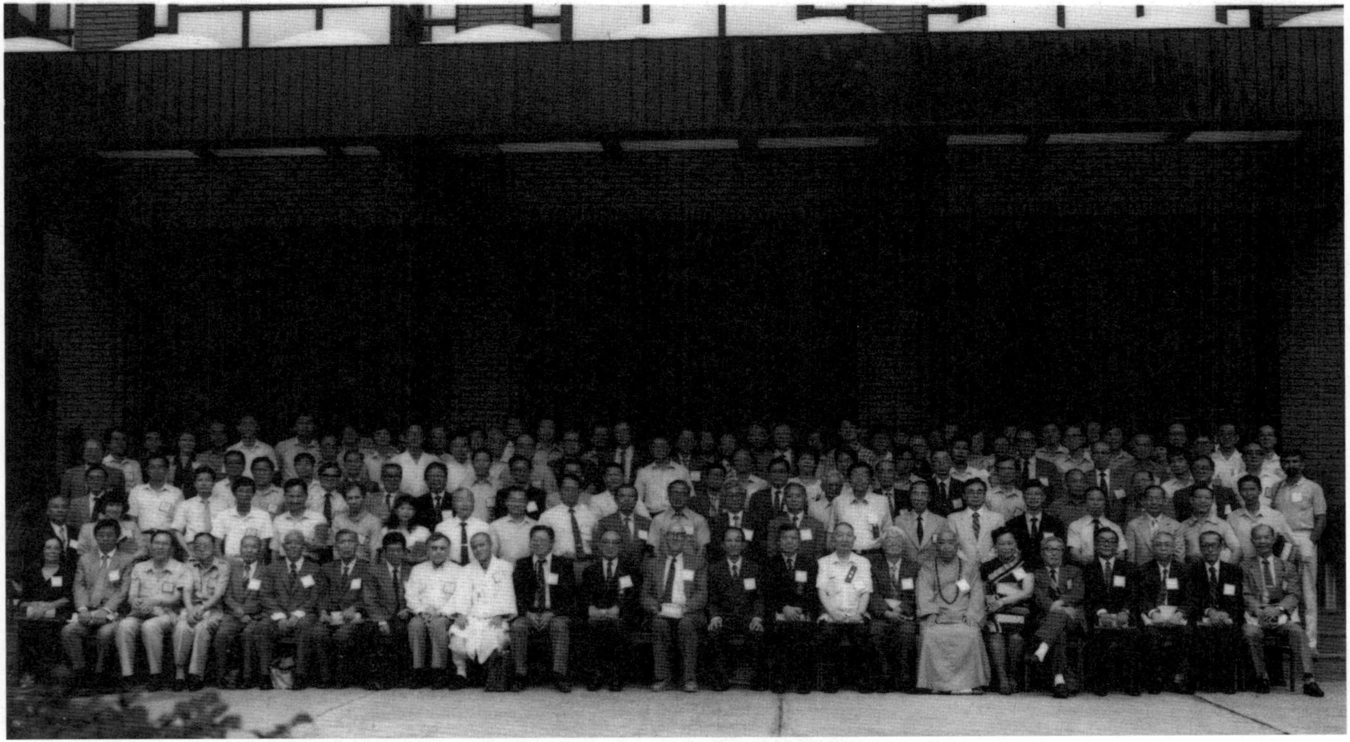

一九八七年國際方東美哲學研討會開幕典禮合影

中國文化大學"國際東西哲學比較研討會"開幕典禮合影

INTERNATIONAL SYMPOSIUM ON COMPARATIVE STUDIES OF EASTERN AND WESTERN PHILOSOPHY

中華民國七十八年八月十六日於台北　Taipei, Taiwan, R.O.C. August 16, 1989

一九八九年國際東西哲學比較研討會合影（前排左一為蕭輝楷，前排中間穿白衣持拐杖者為牟宗三先生）

作者簡歷

蕭輝楷

蕭輝楷於一九二六年出生，生於中國四川省宜賓縣，中國內地長大，在家排行第三，自小非常用功讀書。一九四四年畢業於重慶私立南開中學，同年考入昆明國立西南聯合大學修讀哲學心理學並翌年肄業，一九四六年在北平入讀北京大學哲學系且於一九四九年肄業。其後赴台灣升學在一九五一年於國立台灣大學哲學系取得學士學位以一級榮譽畢業，且獲取獎學金，並於一九五二年至一九五七年間遠赴日本東京大學印度哲學科研究所專攻「唯識宗佛學」和「東西方哲學」，修畢五年碩士學位後回台灣，然後定居香港。

先生早年曾在東京友聯出版社任職特約海外編輯，其後來港於香港友聯出版社編譯所工作任編譯所長。一九六一年到今日世界出版社任特約翻譯及《今日世界》半月刊任專欄作家。一九六三年自資開辦河洛出版社（Holos Press），出版《知識生活》半月刊，一九六八年九月獲香港浸會學院中文系系主任鍾期榮教授邀請到浸會學院中文系擔任講師，一九七六年美國時代

蕭輝楷

雜誌社的時代生活叢書（TIME - LIFE Books）中文叢書部任編輯，並曾在《星島日報》、《香港時報》、《工商日報》當社論主筆。晚年在香港能仁書院、香港珠海書院兼任教授。

先生著作甚多，包含哲學、佛學、文化思想、文學批評、政治社會理論評論及雜文隨筆等散篇著作，已發表者約百餘萬字，大多未結集出版。其中曾出版的有 *The Problems of Kantian Philosophy* 和 *The Role of Writer in a Changing World*，已出版的譯作有《刑網》*The Trial Begins*，《杏林記趣》*The Buggy-and-Horse Doctor*，編著有《中國大陸佛教資料彙編》和《友聯活葉文選》，並常有參加香港英文筆會和國際筆會。

先生一直患有冠心病，在一九九二年六月二日晚上出外晚膳後回家休息期間心臟病發，半夜在睡夢中與世長辭，享年六十六歲。

序一

胡耀蘇

這篇序文有兩個部分——第一是我和蕭輝楷先生有甚麼緣分使得他《哲學問題論集》出版的序文要由我來寫，第二是為甚麼本書內的論文，在作者去世後三十年，其學術價值不減反增。

我從小在外國（蘇聯和法國）長大，直到九歲才和父母、弟弟搬家來到香港，那時才由母親親手親筆教我寫中文字，之後才能入讀本地的蘇浙小學。讀初中時，母親帶我去見蕭先生，請他幫助增加我對中國文化和哲理的認識和了解。事隔六十餘年，也不記得我和蕭老師上課多少次。唯一記得的，有一次我寫了一短篇關於中國民族性的筆記，由蕭老師執筆稍加修改，立即明朗順暢。六十年後，我收到蕭老師女兒蕭映仁寫給我的電郵信，她說：「曾到父親教過的浸會大學、珠海學院、能仁學院想找回他的舊同事或朋友，可惜家父已去世三十年了，認識他的朋友和同事早已不在，所以找不到人幫他的新書寫序文」。

胡耀蘇

如是，雖然沒有哲學的基礎，也只能硬起頭皮來寫此篇序文。

我近來對青少年學生們的「道德教育」或「人品教育」，愈來愈重視，因而大量的閱讀關於儒家思想的學術性的書本和論文，找尋儒家思想對現代道德教育的啟示。研究過程之中，發覺了一驚人的事實——最近四五十年（或更長時期），用英文發表出版的關於 Confucianism 和 Neo-Confucianism 的學術性的書本、百科全書[1]和期刊[2]，在數量方面不遜於用中文出版的關於儒家思想的書本和期刊，而在質量方面往往更加專題深入。[3]

在本書第八篇論文〈理學非孔孟之道〉，蕭老師指出了一個用英文 Confucianism 和 Neo-Confucianism 文字表達不出的絕對重要的真理。孔孟和宋明理學的本質差別，不但在英文寫的文章裡發覺不到，而且對於青少年的道德教育，以及「修身、齊家、治國、平天下」中的修身，毫無關係，毫無幫助。蕭老師早在一九八七年在文章中指出：「理學之為理學，主要講的乃是無極、太極、陰陽、五行、乾坤、萬物化生，以至天人、道器、理氣、澄心、無欲、尊德性、道問學這些物事……這在《論語》、《孟子》二書，可說都是毫無搭掛……」（見本書在第812頁）。蕭老師指出，宋理學之源是《易傳》，《易》及《易傳》非孔孟所作而是秦漢之書。孔孟之學，不離人倫日用，是人人只要努力都可以作得到的，所以在今日的世界、國家、社會，對青少年的道德教育是可以起很大的啟發作用。

蕭老師的〈理學非孔孟之道〉，價值今天甚於三十年前，是因為在英文關於 Confucianism 和 Neo-Confucianism 的學術文章極盛之時代，他的簡單的真理被人忘記了，更加需要提醒。我相信，本書其他的論文，其價值一樣的，是不減反增。

香港樹仁大學 PROVOST（學務副校監）胡耀蘇

二〇二一年七月書於英國亨利

注釋：

(1) 例如：*Routledge Encyclopedia Of Confucianism*, 2003.

(2) 例如：*Journal Of Chinese Philosophy*

(3) 例如：J. Makeham (ed.), *The Buddhist Roots Of Zhu Xi's Philosophical Thought*, Oxford University Press, 2018.

林庭翀

宜賓蕭輝楷教授，為當代哲學名家。早年就讀北京大學哲學系，適逢國運遷鼎，南移台灣大學繼續學業，畢業後移居香江，任教大專學校，曾任能仁學院中國文學系主任。在任期間，勤職善教，深受學生愛戴。先生專研西洋哲學，尤精康德學說。學貫中西，乃一代名儒。其對於柏格森「純綿延」學說有所批評，莫不切中肯綮。

先生為人，剛強俊雅，有傳統士君子風儀。其學不唯精通西洋哲學，更博觀先秦儒家學說，能洞悉先秦儒學具有民主民權的思想本質，可謂難能而可貴。備受名儒碩學同所稱賞。對於康德理性哲學研究邃深，對康氏的精神與實體兼該貫通，發展至黑格爾之所謂「唯心辨證法」亦有深入研究。於康德和黑格爾等西人學說外，對中國哲學並有獨到之見解，指出宋儒理學，並非承自先秦的儒學正統，此說確然精當。最可貴的是先生：指出胡適、丁文江之流全盤西化主張之謊謬加以否定，真可謂對學術界含淚之淨言，百代之下，當有知先生者也。

蓋中國學術衰敗，乃始於滿清之入關，懷抱其少數民族狹隘之偏見，禁漢人講學，康乾之世以文字獄大量殺戮碩學名儒，自江南史案，呂留良案、戴名世案大事誅殺外，又大量焚燒其認為含有春秋義理之書，慘烈遠超秦代，秦始皇所殺之四百六十多名似儒非儒之騙徒方士，未見有碩學名儒被所誅殺。人但知秦之焚書坑儒，而不詳觀滿清之毀滅中華文化之慘烈，至五四新文化運動起，躁人未假思索，遂有全盤西化響徹雲壤，華夏數千年所累積的人文文化，幾乎滅絕。國運之弊敗至是為極。先生在世之時，必有同感。

前能仁學院校長、靜宜大學教授
夜間部主任暨　通識教育中心主任
後學　林庭翀　序

中華民國一百一十年夏於九龍之明德書室

談柏格森哲學

一、前識

今年十月十八日，是法國哲人柏格森（Henri Bergson，一八五九——一九四一）先生的百年誕辰紀念。柏氏逝世距今纔十八年，在事實上雖已作古，但在影響上，在一般的記憶中，他和現在絕大部分世人，都得算是同時代的人物；因此，我們現在對於柏氏這一百年誕辰的紀念，事實上應該即是對於我們這一時代哲學狀貌的某種反省的表現，這一意義是嚴肅而沉重的。面對這種嚴肅的沉重的意義，執筆為文，我感到了不小的躊躇。

柏格森先生和他的死對頭羅素先生，同為二十世紀初期哲學界中譽滿天下的名士，可能正因為這一緣故，二人也同為我在剛開始學習西洋哲學時最初接觸的人物。我現在還能清晰記憶，當我在哲學系一年級時，在賀自昭（麟）先生「哲學概論」班上所作的兩個讀書報告，第一學期是柏氏的「創化論」（*L'evolution creatrice, The Creative Evolution*），第二學期便是羅氏的「懷疑論集」（*Sceptical Essays*）。這一香火因緣，本應使我對這兩位哲人的印象特別深刻，但是不知怎麼，我現在除了還能記得當時對這兩人所說都同感甚大不滿外，其餘細節則差不多全已淡忘了。我對柏氏哲學的概念，正如我對羅素思想的概念一般，完全是從後來的一般瀏覽及為研究某些問題而作的零星摘讀中逐漸形成的。現在為寫本文，我不得不重新有系統地翻檢一番，也可說是重新學習一番，我希望這能多少作為我對柏氏這一百年誕辰的敬意。

二、柏格森哲學剪影

柏格森在開始他的哲學生涯之前，曾在數學、心理學、生理學、生物學等現代科學的學習上花過不少功夫，這些功夫後來大都成為其哲學理論的部分基石，因此他的哲學，常被形容為一套「具有深厚現代科學基礎」的卓越創造。柏氏這一創造，在數量上主要著作多達八部（註），在影響上更廣泛波及全世界的哲學、文學、藝術、宗教各面，甚至還因而得過一九二七年的諾貝爾文學獎金，他無疑應算西洋哲學史上不容忽視的一員大匠。不過，就我的了解說來，這位哲學鉅匠的哲學思想，其實並不十分深奧。我認為柏氏哲學思想的核心，粗略地說，應該僅是希臘赫拉克利泰（Heraclitus）那一古老的「遷化哲學」再添上若干現代彩頁的新版。同時，儘管柏氏著作處處引用或暗示着各種現代的科學知識，但是其整個思想的脈絡，其全部理論的光影，以及他那種汎濫各大著作中的文采才思，和各類藝術性的暗示技巧乃至文學性的比喻手腕，也在在無不使我聯想到中國道家那種空靈閃爍的丰神。柏氏的哲學是現代的，不過「現代的」卻不一定就是進步的。

柏氏哲學的中心思想，按照我的了解，即是他在他的第一部主著《時間與自由》（*Time and Free Will*，這是柏氏在此書英譯本上自己改訂的書名，法文原題則是「關於意識原材的試論」Essai sur les données immédiates de la conscience）中，着重提出的「純綿延」（durée pure）之說。這裏，相當於柏氏哲學中的本體論的，柏氏在其第三主著《創化論》中提出的「生之躍進」（通稱 élan vital，柏氏自己所用術語為 élan originel de la vie），其實即是「純綿延」的異名；相當於柏氏哲學中的方法論的，柏氏處處強調的「觀照」（intuition）和特在《創化論》中主張的「感應」（sympathie），亦即對於「純綿延」的體察稱謂；此外，相當於柏氏道德哲學和宗教哲學的，柏氏在其最後主著《道德宗教雙源論》（*Les deux sources de la morale et de la religion*）中所說的由「開放的靈魂」（l'âme ouverte）及其超理智的「感動」（émotion）構成真正的「開放的道德」，以及由超理智的「觀照」構成真正的「動勢的宗教」（religion dynamiqne）云云，其所謂「開放的靈魂」和「感動」，正如所謂「觀照」一般，也全是對於「純綿延」之內省作用的形容。因此，柏氏哲學看來萬語千言，其歸宗則無非

「純綿延」一義而已。

「純綿延」指的什麼呢？按照柏格森的說法，空間中的事物是同質的，呈現數量差別的，互不相入的，同時並存的，具有各種必然規律的，而人之意識的諸內容，其性狀則與空間中的事物截然不同，它們乃是「純異質」的（hétérogénéité pure）的，不能用任何單位（那怕是「強度」概念）來加以分別量度的，彼此融透滲合的，不斷發展無窮升進的，真正自由的——人之意識的這種狀貌，即是刹刹遷流的生命的本質，這便叫「純綿延」，這便是生命的本相，也即是真正的時間。至於一般所說的「時間」，則全是用日星鐘錶等物質在空間中的運動來刻劃的人為造作，僅是「空間化的時間」，僅是「純綿延」的私生子。同時，一般所說的「自我」，主要乃是理智對於活生生的「純綿延」之靜態的把捉，乃是用「抽象的語言」構成的死的圖像，它是不真實的，剖斷生命的，使生之發展向下墮落的。

從這一「純綿延」立場出發，柏格森建立了他各種主要的理論：一、因為「純綿延」是不受任何因果關係決定的，所以人有「意志自由」；二、因為「純綿延」是包括各種無窮發展的，所以生命既非機械作用，也不奔赴某一預定目的；三、因為物質世界僅是「純綿延」之瞬間斷面的諸外在形相的綜合存在，所以「純綿延」也是心與物的共通本原，其「緊張」狀態即成靈性，其「弛緩」狀態即成物質；四、因為「純綿延」是森動活潑、遷流不居的，所以理性無用，唯「全經驗」（expérience intégrale）構成的「觀照」纔能加以把捉（柏氏把理性叫做「工人」【homo faber】的官能，以為其作用僅在製作物質工具以滿足功利需要，而「觀照」則被稱為「智者」【homo sapiens】的官能，乃是純體察而無實踐功用的）；五、因為「純綿延」是生命與宇宙之大本，所以唯有在對「純綿延」的「觀照」中，纔能建立真正的道德和宗教（柏氏稱社會習俗所規定的道德為委屈靈魂的「閉塞的道德」，稱基於生命中原始神祕恐怖而生的信仰為「虛構機能」【fonction fabulatrice】形成的「呆滯的宗教」）；六、因為「純綿延」是超越一切而又涵攝一切的，所以神祕主義者對它的透闢的觀照，亦即其神祕經驗，可以證明不能經由理性證明的神之存在，也可以顯示一種大到接近確定的靈魂不滅之可能性（柏氏以為這種神祕經驗，唯有基督教的神祕主義者纔能獲致，至於「純思辨的」印度的神祕主義者，對此則不可能）。

以上所說，即是柏氏哲學內容的大要，至少是我就自己對柏氏哲學的了解歸納而成的大要。

三、柏格森哲學私議

對於上節業已大致介紹了的柏格森哲學，我的觀感是頗為惆悵的。

哲學絕非理智游戲，它是為求解決許多實際的人生問題纔出現的，它有其萬分嚴肅而又絕對平易的使命。一般說來，人生是人的各種大小活動之綜合，這一綜合乃是決定各種零星活動之意義與方向的基準；同時，人的一切活動全是各種各色的追求，人所追求的目標即是各類各樣的價值。哲學的探索，即為順應上述這種無時、無地、無人不有的人生需要而生。因此哲學在一方面，需要儘可能把人生宇宙合理地縮寫成一套準確可靠的全圖，使大家可望了解其各種活動營為在宇宙人生整體中的地位與意義；另一方面，哲學需要儘可能解決各種普遍的人生問題，至少應該提供一條「可望解決人生問題，獲致生命歸宿」的基本的實踐道路。非常抱歉，哲學的這種使命，在柏格森哲學中根本不會觸及。

前段所述柏格森哲學的大要，其核心內容不外兩點：一是對「純綿延」的肯定，二是對理性、理性活動建立的知識、以至整個宇宙人生圖像的貶斥。這裏不妨對此兩點意義稍加推敲。

心思較密的讀者可能已經感到：上述柏氏「純綿延」之說，根本是沒有什麼具體內容的。所謂「純綿延」，其實即是一般所說的「心理時間」對於全部心態之統攝現象；用我自己現在想到的另一表現方式來說，它無非即是「心靈（單一的自覺）對其所屬各種繁複意識內容之當下具體的、在發展之中的統一感」，或者說，「繁複的意識內容在心靈（單一的自覺）內之當下具體的、在統一之中的發展感」。這種陳述，所指出者僅是一件事實，一件稍作內省功夫即可認知的事實，而且這也正是作為一切哲學思索之基本起點的簡單事實，這一事實本身就是一個需要哲學思維來加以說明的課題，它自己絲毫不能說明什麼——第一、它僅如道家所說的「自然」，「自然」並不就是「自由」（事實上，「意志自由」問題的發生，原因之一即是自然的心靈中天然蘊有各種內在的矛盾）；第二、它誠然足能涵攝宇宙人生全部可能的內容，而且在發展中，但這「涵攝」祇是一團混沌，而非宇宙人生之有系統的、透剔玲瓏的圖像，亦即這並非智慧本身，同時這種含混的「綿延」發展及其「觀照」，事實上即是一般所謂的「生活」與「在生活中體驗」，而任何智慧都並非胡亂「生活」和「在生活中體驗」即可獲致（苟然則哲學努力根本可以取消）；第三、它當然即是道德、宗教及其他一切價值的總根源，但這僅是潛在的而非實在的，對它的抽象肯定，既不可能發現任何價值原則，更不可能實踐任何具體的價值……總之，這個莫名其妙的「純綿延」，正如佛家的「真如」或道家的「道」一樣，看來彷彿是窮於讚歎，而實即空無所指，它既不肯定或幫助肯定任何清晰的知識，它也不肯定或幫助肯定任何可供實踐的價值，歸根結底，這無非是一個「名言存在」，亦即無非是一片玄虛，一句廢話而已。

其次，對於「理性」的意義，我認為柏格森似乎完全不曾了解，理性是人在對於各種事象的反省中，用以辨別同異、釐定關係的機能，祇要是有同異和關係存在的地方，祇要這是可以經由記憶和有關想像來加以反省整理的，理性就絕對可以用上——那怕各種訴諸「碰巧」的偶然事理，理性也可以替它們整理出所謂「蓋然率」來，學習數學的柏格森，即此應該知道理性並非純是製造「工具」的功利手段了。而且，柏氏既認為物質宇宙也是「純綿延」的一種形態，因為物質宇宙也是變動不居、刹刹遷化的，同時，他也承認理性產生科學，科學對物質宇宙有效，則他即此也應該了解其用「綿延」變遷之說來貶斥理性無效之為自相矛盾了。至於柏氏所攻擊的「空間化的時間」，事實上正是一套客觀的時間，亦即正是他所承認的、並存的眾多心靈甚至眾多生命間之一種共通的（統攝各各變化的）關係形式，這不但不是所謂「純綿延」的墮落，正是主觀時間關係在範圍上的擴展與程度上的精化，它在理論上和事實上，都從未取代主觀時間的意義和存在；這些意思，大概也是柏氏不曾詳加思索的。

柏格森學說中其他零星的毛病，特別是自相矛盾之處，其實還可找出不少來，但就本文的批評而論，上述段落應該已經很夠了。

四、柏格森對我們的教訓

柏格森先生是導我進入西洋哲學思辨之門的啓蒙先師，今年是這位啓蒙先師的百年誕辰紀念，我用上面這種寫法來紀念這位老師，不僅甚嫌不敬，而且實在也非我所願。「我愛老師，我更愛真理」，我祇能這樣寫，也祇能盼望讀者原諒我不得不這樣寫——我認為我們今日亟待建立的哲學，必須引如柏格森先生者之努力事例的得失，作為我們今後努力的借鑒。

我不喜歡柏格森哲學這種反理性反科學的神祕風格，正如我不喜歡佛學的詭論和道家的玄談，我覺得任何想用「超理性」的誘惑或純否定的精神來建立哲學的努力，似乎祇能在千古哲學史的聚訟紛紜中再去加投一盤亂絲，這對人類智慧或知識的增進其實毫無作用，顯是損己而不利人（或者以損人而不利己）之舉。不過，我也絕對不敢否定柏格森企圖處理的問題本身的重要性，正如我不敢否定古今中外任何玄學家所提的主要問題的重要性，我認為這些問題全是「雖匹夫匹婦之愚，可以與知」的重大問題，對於這些問題之各種程度的正確解決，正是哲學的基本職責所在，一定要對這鍋亂絲採取北齊皇子那種「亂者當斬」的態度，僅去抹煞這些問題或歪曲這些問題，似乎也正是因噎廢食，削足適屨，絕非治學之道。

這是柏格森先生的百年誕辰紀念，我願敬謹承受柏格森先生的失敗的教訓，記取柏格森先生的未能完成的使命。

中華民國四十八年耶誕前夕，晨六時

註：柏格森的主要哲學著作，計有下列八種：一、《時間與自由》(*Time and Free Will*，原題「關於意識原材的試論」*Essai sur les données immédiates de la conscience* 本為柏氏的博士論文，一八八九年通過。）二、《物質與記憶》(*Matiere et Mémoire*，一八九八年出版。）三、《論笑》(*Le Rire*，為分析滑稽現象與喜劇本質的名著，一九〇〇年出版。）四、《玄學引言》(*Introduction a la métaphysique*，為柏氏哲學之有名的入門短篇，一九〇三年發表，其後收入下述的《思維與動者》論文集中。）五、《創化論》(*L'évolution créatrice*，一九〇七年出版。）六、《道德宗教雙源論》(*Les deux sources de la morale et de la religion*，一九三二年出版。）七、《精神力論》(*L 'énergie spirituelle*，論文集，討論有關第一第二主著的若干問題的，一九一九年出版。）八、《思維與動者》(*La pen ée et le mouvant*，關於方法問題的論文集，一九三四年出版。）此外，柏氏

在一九二三年另出版有《綿延與同時》(*Durée et simultanéité*)一書，是企圖拿他的「綿延」觀念來和愛因斯坦相對論中的時間觀念較量的。

關於康德哲學問題的商榷

——讀勞著〈論康德精神與世界文化之路向〉

一、前識

日前接獲胡永祥兄自香港寄來勞思光先生去歲（一九五四年夏）在台灣《民主潮》雜誌上發表的〈論康德精神與世界文化之路向〉一文，讀後深感文中所說，與我所知道的康德頗有出入，其中涉及哲學史的地方，似乎也與我所了解的哲學史不盡相符，就對於友人在論學上知無不言的義務說，就治學之不應有絲毫罅隙更不應以訛傳訛說，都覺我必須陳述所見，供閱過勞文的友人傳觀參考。

謹先在此略略說明我的意圖與態度。

首先，我不敢說對康德已有全部了解，即說，對於康德的各種大小說法之全部理由、此類理由之效準、以及這些說法在人類思想上的確切意義與真正地位，我在今日尚無全面透徹的把握（如果能有此種全面透切的把握、我即超過康德，如康德之自稱他了解柏拉圖比柏拉圖自己了解自己還要清楚，因而康德遂超過柏拉圖一般），我祇是讀過康德的主要著作，知道康德大體說過些甚麼，因此感覺勞文所說，恐不盡是康德之意。至於康德說法本身是否有問題，如有問題，又該如何解決，則不是我此文所能為力的。

其次，我對於哲學史從無任何歷史興趣，祇把它作為一種關乎人類思想的「學案」來看，因此，對於哲學史上某些細節的斤斤計較，常使我起無謂之感。不過，也由於我把哲學史看作一種學案，即說看作歷代哲人的思想總集，我即以為哲學上的推陳出新，後來居上，雖是一大體的趨勢，但其進步的明確性則絕不像數學、邏輯、科學之類其他的學問，有時常會呈現往復迴環、蹊徑萬出的現象，後哲對於前哲，可能有誤解，有不解，有旁出，有逆行。因此，在一個真正能融貫各種思想，能把各思想之每一點的性質意義及其正誤，全恰如其分地安排妥貼的人類大思想尚未出現之前，我認為治學的人對於史上諸家，至少對於諸大家，全應抱一種各別的尊崇態度，就一家的思想來論一家的思想，如非已有徹底了解，不宜妄為比附，如馮友蘭拿似是而非的西方名詞來附會中國思想，如魏晉人拿老莊來附會佛學；至於根本尚未分別着實地研究諸家，就要想替龐大的哲學史理出一兩條綫索，就要想拿這線索來貫串諸家的問題，成一統緒，更是絕非治學謹嚴之道——這種辦法，小之可能牽強附會，大之乃至削足適履。我感覺勞先生文中似乎有這種情形，我在今日尚不能採取勞先生那種以「本體」觀念來籠罩整個西洋哲學的看法，我更不希望目前應該沉潛省察的自由中國思想界，會產生一種急燥僨事的「融貫綜合」「提綱鈎元」的作風；因此，雖然跡近無聊，我仍不能不略就所見，指出勞文在有關哲學史的論述上，那些只顧「線索」，不顧史實之處。我並不想辯論史實，我祇希望友人們能保持對於輕率判斷的警覺。

復次，我重視今日指謂學家們（semantics，通譯「語意學」，此從業師賀自昭（麟）先生譯名）在語言分析上的意見。我雖不認為哲學祇是一組語言，但不能不承認哲學必須表現為一組語言；佛學侈言「言語道斷，心行處滅」，事實上無非掩飾其語言組織之不合邏輯的一種煙幕。因此，我重視哲學上的語言問題，我認為在哲學上的「咬文嚼字」，比在文學上的「推敲錘鍊」更為重要；事實上，大哲的許多大部頭著作，幾乎全是對於一些特殊觀念（即日常語言中的某些慣用詞語）之嚴格精密的分析與解釋。思想上的嚴重錯誤，常常來自某些重要觀念之內涵的混淆，觀念的混淆，又常常來自用以表達那一觀念的詞語，能夠產生一些因日常用法習慣或心理聯想之干擾而生的誤解；因此我主張哲學用語必須力求平易明確，切忌標新立異，故作高深。康德在其《行理論衡》（*Critique of practical Reason, Kritik der practischen Vernunft*）序上說：「在（固有）語言並不缺乏表意作用的情形下，要去製造新的詞語，實是一種孩子氣的作為，以示自己與眾不同——並非確有（與眾不同的）新的思想，只是把新補釘加在舊衣服上而已。」這樣，我即覺得勞文用詞頗多值得推敲之處（譬如把人人能解的「對舉」說成玄之又玄的「對揚」之類），至少我個人不喜歡那種用詞的辦法，認為它無益有害。我在本文最後對於「意向」一詞的討論，即為求避免一般對此詞的可能誤解而發。

註：本文對康德三大Kritik，不依通例譯作「批判」。也不如勞文譯作「批評」，而譯為「論衡」，並非標新立異。這是業師賀自昭（麟）先生的舊譯，比「批判」少毛病，比「批評」更逼近原意，因此北方學人遵用者頗多，僅一般不熟悉哲學文章者，可能覺得生僻而已。

最後要聲明的，因為本文不打算用以發表，祇供私人傳閱，更因為我目前暇時甚少，精力尤感缺乏，所以本文寫作態度不太認眞，字句只求達意，完全不事推敲潤色，而且在引述文句上，除了一二特別重要的段落，其餘都祇間接簡述大意，不作直接引證（但我保證絕無杜撰或加油加醋等情形），偶爾引述片言隻語，亦祇是述要性質，字句上可能與所引的原書間有出入，我覺得本文既非純學術論文，自無逐一翻檢對照的必要。這些都是要請看本文的友人原諒的。

一、勞文的真正意義——「以述為作」的自我哲學著作

勞先生這篇〈論康德精神與世界文化路向〉的大文，基本論旨看似不外下列二端：一、根據西洋哲學史上基本思想問題的發展總線索，來說明康德哲學問題的歷史根據，以及其解決辦法之具有在哲學史上「千里來龍至此結穴」式的，承先啟後的偉大的意義；二、根據康德哲學的全面架構及其表現的獨特精神，來說明人類文化問題的基本圖相，以及今後人類文化問題在此基本圖相之下的必然的發展道路。這是一篇野心勃勃之作。在這篇論文之中，我們可以看到作者對於西洋哲學史上許多重要學說的介紹；我們也可以看到作者對於康德哲學中各種重要理論的介紹，因此我們很容易以為這篇文章，乃是一篇哲學史性質的文章，其主要內容乃是對於西

洋哲學史發展線索和康德哲學理論脈絡的客觀介紹——這是不正確的。根據我的了解，勞先生此文的基本旨趣，其實和西洋哲學史乃至康德哲學都根本無關，其在全文展開的思路，無非勞先生本人基於他對哲學問題的獨特思路所作的，對於西洋哲學史線索乃至康德哲學系統之一套獨特的排比甚至比附而已。因此，在這篇文章中提到的任何哲學思想，無論是康德哲學，或是康德以前的西洋哲學，乃至西洋哲學以外的東方哲學，全不外是勞先生用以表現其個人哲學思想的引證材料，全不外是「六經註我」、「以述為作」的創造工作之所取資，而未必即是這些學說的本來面貌，甚至未必即與這些學說真有搭掛。這是我們必須首先了解的。

根據這一了解，我願先就勞先生這篇文章中關於康德以及其他說法的各種錯誤，根據我所了解的勞文的意圖，加以歸類指陳，並作一大致的檢證，同時，對於這些錯誤；何以能夠尋出則我擬根據這些錯誤背後的意向，歸納出勞先生自己的主要哲學見解來，逐節作一概括的理論分析，作為前誌，以求大致說明這些錯誤的基本根源所在。

二、勞文對康德哲學本身的誤會

如所周知，康德哲學主要以他的三大「論衡」為代表：《純理論衡》（*Kritik der reinen Vernunft*）在論知識原理及其範限，《行理論衡》（*Kritik der praktischen Vernunft ft, Critique of Practical Reason*）在論道德原理及其形上根據，《品鑒論衡》（*Kritik der Urteilskraft*）在論藝術原理及其與「純知理」及「純行理」之關係。康德哲學在這中間表現的要旨為：一、這三大著作的前二者，標出了人類理性之性質互異的兩大功能界域來，即一為「純知理」或曰：「純粹認識理性」，一為「純行理」或曰「純粹實踐理性」，而《品鑒論衡》則另無「理性功能」與之相當，僅是在上述二大理性之中的一種溝通性的橋梁存在，這是康德哲學的大脈絡。二、康德在《純理論衡》中，以「物如」（Ding an sich，Thing in itself ——包括「宇宙」「靈魂」及「神」）為「不可知」，在《純理論衡》中，則以「物如」為即是每人心靈皆可自証的道德實踐主體，這是康德哲學在西洋哲學史上之為劃時代思想的重要特色所在。

上述康德哲學的大旨，是一般學哲學的人都幾乎耳熟能詳的，然而也是一般不精讀康德原著的人所最易因之而引生若干錯誤聯想的。大致說來，第一種錯誤聯想，往往是以為「純知理」與「純行理」的劃分，即是康德在探索人類理性功能之最高統合形態中所得的最後歸結；其次，上述錯誤聯想所可誘出的更錯誤聯想，即是以為康德對於理性功能之上述劃分，即完全相當於一般所謂「知識活動原理」與「價值活動原理」的劃分，而把「行理」之祇涉及道德價值混為能總持一切價值，乃至成為一切價值（一切人生的情意內容）之最高的建立原理；第三，由於康德的「物如」中有「神」「宇宙」「靈魂」（自我）三者，以為皆不可自知識來認知，而唯道德活動可作對「自我」這一物如的認知，於是常可能以為連「神」及「宇宙」這些「物如」的內容，也可在道德實踐中獲得直證式的建立，等等。

這些錯誤聯想的由來，常是由於一般談康德的人對於康德哲學價值之過度推崇造成的幻覺：這些人以為康德哲學已把哲學基本問題大致都已作了妥貼的解決，因而把一些康德本人自知為尚未解決的若干基本哲學疑難，都囫圇吞棗地視為業已完滿解決，一起塞進康德的已有體系之內，以求造成一個實與康德說法不合的冠冕堂皇的哲學架構，因而發生上述各種誤解。其實，康德自己非常清楚，他應該解決「知理」與「行理」之最高統合問題而未能解決，他應該解決價值之最高統合問題而未能解決，他應該建立「神」「人」關係問題而未能建立，甚至即在道德哲學之中，他應該建立的「善何以是善」的基本理由他也未能建立。康德在他的著作中對這些問題之尚未解決，大都有其直接的指陳，至少也有其間接的暗示，真正細讀過康德原書的人，按理是不應該發生上述誤會的。

非常遺憾，談康德的勞先生這篇文章，裏面便正表現了不少上述這些由錯誤聯想造成的誤解。我願在此對這些誤解作一大致的指陳與校正。

甲　關於康德哲學的建構問題

我認為勞文對於康德哲學的最大誤解，即在以「知識」「價值」的二分來了解康德之「知理」「行理」的二分，因而對於康德哲學系統之統合原則，亦即康德思想之基本架構，幾乎茫無所見。勞文在這一方面的表現是：

（一）對於康德哲學問題之最高中心的否定

勞文（十七期·八頁下欄）說：「若我們就決定此二基源問題，則此二問題是否又可環繞另一中心。對於此點，我答覆是：這一更高的中心，在康德哲學中是沒有的。」

其理由為：「康德哲學之進程，實係由實體問題之處理開始，等到由實體問題所牽涉的知識問題得到一決定性的處理時，康德哲學才進至價值問題的處理」，這一說法如把「價值問題」一詞換為「道德問題」，則大體是不錯的。但是，進程之由此到彼，並不表示這「此」與「彼」之間，即無中心。按勞先生前面所說，中心即「諸問題所層層環繞」者，即「對一理論體系之理論範圍之決定者」（頁欄同上），如此而言，康德用以統攝「實體問題」與「價值問題」（道德問題）者，有一中心，即是「理性」。

康德把知識論謂之《純理論衡》（純粹理性批評），把其道德論謂之《行理論衡》（實踐理性批評），即已表示其問題乃「環繞」人之「理性」講，「統攝」於「人之理」之下——「理性」正是勞先生所謂「對一理論體系（康德哲學）之理論範圍之決定者」。康德在他的著作中，對此二種理性的密切關係，乃是經常都有種種照顧表現的：在《純理論衡》中至少就我所見，在「序」及正文的「注」中，要在相關處提到實踐理性，在《品鑒論衡》（勞譯）「鑒賞力批評」序中及正文中亦一再並論二者。在《行理論衡》中更有詳細申論，說明二者何以均是「理性」及其異同關係。《行理論衡》第一部第一卷「純實踐理性分析」第三章附錄「純實踐理性分析論衡」首段即說：「實踐理性與知解理性，只要二者是純理性，即基於同一功能。因此它們的體系形式之別，必由二者之比較以確定之，此種比較之根據亦必須確定」（T. K Abbott 英譯本頁一八二——三），第三段說：「此處所考慮者，為純理性在其實踐方面的致用」（即價值問題正如知識問題，只是同一理性的不同致用）又說：「能夠接受本分析篇所說之理的人，應樂於此類比較（按：即實踐理性與知解理性之比較）；因為此類比較，正確地提示了一種希望，即：我們可能在某一天辨明理性（理解的與實踐的）全功能之整體，並能自單一原則中譯出一切，這是人類理性的必然要求，因為人類理性，必在一完整的系統整體中，纔能獲得完全的滿足」（英譯本頁一八四）——康德花很大力氣來說明此二種理性之實為一體之處，勞先生彷彿全未看到。

（二）對於《品鑒論衡》分量的忽視

勞文（十七期，八頁，下欄）又說：「鑒賞力批評則為前二境域（實體問題與價值問題）之橋樑，其問題由前二者導出，故其境域實低一層」。

就康德在《品鑒論衡》序中言，哲學只有理論與實踐二大分野，據此而說品鑒論衡的「境域實低一層」，並不算錯。但這是只能就理論層次上講，不能就理論系統中之重要性講。勞文始終不重視乃至不涉及品鑒論衡，表示勞先生因其「境域低」乃視之為不重要，這就是一大錯。因為，如前段所說，人之同一理性功能的兩種致用，應該有其統合，這正是表示康德之超乎二種理性致用的「中心問題」（即理性功能之統合）之關鍵，此則正由「品鑒力」使之具體化，無《品鑒論衡》，康德哲學系統將支離不成一體；而且，勞文主要在講價值（文化問題即人生價值之體現問題），《行理論衡》所講，只是基本價值（道德）之理論上的建立與分析，至於道德之真正致用，乃至其發射而出、涉及其他各種人生價值（善以外之美，及幸福、天國等）之處，全在《品鑒論衡》中才算得到安頓，至少才算說得統一、具體而明白，這是「價值問題」亦即「文化問題」的總規模，如何能予忽畧？

乙　關於康德哲學的內容問題

如上所說，勞文緊執「知識」「價值」的二分觀點來看康德的「知理」和「行理」，以為「行理」即是對價值問題的全部處理，同時，由於對價值問題的全部處理，在理論上它指向於「諸價值之最後統一」，亦即必指向於「自我統一」與「天人合一」（作為理想價值主體的「神」與作為現實價值主體的「我」之融貫，或曰「內在的超越的神」之體現），因此，勞文遂意想情願地把康德的《行理論衡》對道德問題的若干整理，誤會為即是對「自我的統一」與「內在的超越的神」這二大問題的解決，從而在「善」與「神」的理論上，形成了若干與康德之意不僅無關甚至相反的說法：

（一）「自我統一」的「善」論

人生哲學或者說價值哲學的最後歸嚮，無疑是在求自我的最後統一，這種自我的最後統一，無疑即是「最高人生理想」亦即「至善」的完成；然而這裏的所謂「統一」指的乃是人生價值的全面統一，這裏所謂的「至善」也就必須以人生價值的全域為內容，這和一般用為「道德」之同義語的「善」，在意蘊層次上是截然有別的。如就道德層次而言，「善」之所以為善，誠然也因為它指的是一種和諧，一種「統一」，不過它所「統一」的絕非全面的「自我」，而僅是在精神體認中所出現的眾多平等獨立的「自我」，亦即我的主體與為我所能知感的他人的主體；這種統一的原則，或者說造成人與人間平等相處的各種道德規範，和「自我」的其他動物性的內容則剛好是相互排斥而絕不統一的。因此，如把僅能說明「人生理想」意義的「至善」之「自我的統一」，胡亂用來說明道德意義的「善」，即必造成思想上的重大混淆。這裏，由於勞文把僅講道德問題的康德的「行理」誤會為即講全面價值問題之物，因而即是現出此種重大混淆現象：

勞文（四卷一期，十頁下欄）說：「壞是什麼。是自我不統一；即是主體的活動與主體自身的律式相違」，又說：「善惡之成立」及「依意願獲得內容時與主體自身律式是否統一而成立」。顯而易見，如果以「自我之統一」為善惡的最高標準，如果一般所謂「惡」的行為，僅因意願內容（如果我要偷盜以渡過難關）與主體自身律式（我的行為——的原則，必須是人人都可採用而我不發生遺憾的原則）之不統一乃叫做「壞」，則一般所謂惡，因意願內容與主體律式不統一，固然為「壞」，而一般所謂善，因其中所表現的主體律式（道德律）與我的許多極強烈乃至極重要的「意願內容」照樣不統一，則也同樣是「壞」。此「壞」與彼「壞」，即說此種不統一與彼種不統一，如僅就「不統一」本身言，並無高低之分，全是同一性質的「壞」——於是，「為仁不富」「捨生取義」與「為富不仁」「臨難苟免」同樣是壞，如此則善惡即成了毫無價值分別之物，僅是「壞法不同」而已。這樣講善，剛好是在理論上對善徹底取消。

因此，如要講壞為「主體的活動與主體自身的律式相違」，而「主體自身之律式則是先驗律式」，固然不致有上述混淆，但反面來說，也只能說善是「主體活動遵照自身的先驗律式」，而不問其與主體其他意願是否「統一」，因此僅僅「統一」原則，不能成道德問題之最高原則。

康德的「行理」講的是道德問題，因此，對善的說法不是勞文中這種說法。康德說：人是理性動物，要根據理性（即普遍原則——理性必須是一種運用普遍原則的抽象功能）來行為，不能根據那些與理性原則無關的身心衝動（「憧憧往來」，無「必然性」，故不屬於「理性」）來行為，因此，康德就「人之異於禽獸者」（理性律式）來建立道德律對於感官衝動的優越性，從而理性對於感官欲望乃有「命令」之權，違反命令即是惡；因此，道德只是為了人的「尊嚴」，絕非為了「統一」——真正的統一，必須要是「從心所欲不逾矩」，即必須要感官欲望自然地不受「委屈」；但就現實的人而言，康德不把這叫做善（康德說：天性仁慈的人之仁慈行為，不能叫做善），康德更徹頭徹尾反對在道德考慮中參加對感官欲望的考慮，以為一如此則道德立即破壞；而講「統一」者，在理論上卻不能不考慮感官欲望。

康德當然知道價值理論不能僅止於道德理論，也知道價值全域問題的解決之道必是自我的最後統一，因此康德在他的理論中也有其「統一」的主張，在他的理論的最後歸嚮中也是主張「統一」的，即所謂「至善」（Summum bonum），福德相合，善行必獲得適如其分的報償，但那是「無盡的未來」的事，那只是每一個有限的「理性動物」之理想的目標——康德由此才建立其靈魂不朽之說；靈魂不朽，只為了讓有限的理性動物有一不滅的主體來走這段漫漫長途。這是康德的宗教觀，這已是宗教說法。這和未對宗教問題有所處理的勞文已是毫不相干的了。

（二）「自由主體」「內在超越」的「神」論

人生價值之最高統一，必然是「其大無外」的統一，因此必然是「人我界限」亦即不同主體間之障隔的最後解消，亦必然是「天人界限」亦即現實價值主體（我）與理想價值主體（神）間之距離的最後泯滅，從而進入一種「眾生同體」「天人無間」的至善之域；在這一最高境界之中，主體自是自由無限的，神自是內在而又超越的。不過，這裏所謂「主體」，乃是在「人生價值之最高統一」中孕生的超越的主體，乃是人之全部精神內容獲得了絕對和諧以後昇華而成的無限的聖靈，這和現實生活中僅能總持部分精神內容的各種「自我」（生理我、心理我、道德我、知識我等），是絕對不能併為一談的。人的「道德主體」，僅是總持「人我關係」之律則（康德所謂「行理」）的主體，這一主體不能通達精神全域亦即價值全域，因此仍只能是現實中的一種有限的主體，尅就這種主體而言，「人」「我」界限仍然壁壘森嚴，高明博大的「神」也仍然巍巍在上，絕不可能當下便有任何神妙超越的功能和意義。康德《行理論衡》中所說的主體，正是這種道德主體，亦即正是尚在現實生活之中的有限的主體，因此康德絕不把這種主體的性質臆想為「人我無隔」「天人無間」，康德的《行理論衡》也就迄未賦予這種主體以「與人無隔的自由」乃至建立「內在超越的神」——

在《行理論衡》之中，「主體」就是一個個獨立的心靈，「神」就是宗教意義的超越權威，更無其他任何玄遠高深的闡說。然而，由於勞文已把「行理」問題認定為價值全域的問題，從而遂把「與人無隔的自由主體」與「內在超越的神」諸義強行納入康德哲學之內，再用以批評萊布尼茲的實與康德相似之說，形成了對於康德之又一方面的誤解：首先，勞文（十八期，九頁）評萊布尼茲時說：「作為實體之諸單子，不得不弄成絕緣自立者（其實此問題倘就主體自由看，則迎刃而解，但萊布尼茲始終不能悟及此），逼出先在調和說，成理性哲學之末路」，言下彷彿康德之物如（「實體」），即有主體自由之主體，並不絕緣自立，亦不需「先在調和」，絕對不是康德的說法。

康德承認人人有其主體自由，但這些主體（「物如」）仍是各各獨立的「目的單位」，組成「目的之國」（“kingdom of end-the union of different rational beings in a system by common laws”“ A rational being belongs as a member to the kingdom of ends when although giving universal laws in it, he is alao, himself subject to these laws.

He belongs to it as sovereign when, while giving laws, he is not subject to the will of any other"——見「道德玄學原論」第二篇，Abbott 譯本頁五一及五二），不管是王（Sovereign）是臣（member），總之仍與其他主體不同，「自立」，其組成「目的國」，亦需一「由普遍律組成的系統」，普遍律發自各各自心，然而彼此相同而組成「系統」，即是「調和」的，而且是「先在調和」的——即其調和非出諸任何其他原因，而是「自然如是」。

此外，尚有德與福之調和等，即此一「系統」內之各種調和，這裏，「逼出」了康德那個「神」，康德作神之證明時說得清清楚楚，正因為要一對於「至善」的保證者（「調和者」），乃推知應有神的存在。這些說法在《行理論衡》中是一索便得的。

其次，勞文再評萊布尼茲說：「結果最高實體——神——仍是外在的」（頁欄同上），又繼評理性主義說：「作種種努力，欲安頓一超越而外在之神，作為價值之大本」（同上），而此神「在重智精神下則必幻滅」，彷彿康德哲學中無神，或雖有神而並不外在超越，這也是一種不正確的暗示。

康德哲學中有神，但此神不是道德律之制定者，因此道德律雖在人人內心，有內在而超越的「自由」（康德《行理論衡》在論証自由時，特別指出此點）而神則並未隨之亦成為「超越內在」——神不是道德律之制定者，故不在人的內心；神是福德合一的保証者，亦非人人自己；神是 Supreme Rational Being，故與一般的 rational being 為兩回事——所以這個神是「外在」的。而且，這神只是一（在人之宗教要求下的）「必然設準」，即一「理性的必然設準」，亦即智心活動（「重智精神」）下的設準，而非躬行實踐下之所體証（康德道德論尚未講到此層，此層僅在儒家中乃有——「知天」「與天地參」等）；因此，外在超越的神，如果「在重智精神下則必幻滅」，則康德這個外在超越的，理性設定（即「在重智精神下」）的神亦應幻滅——但我相信勞文尚不肯如此說。

（三）勞文對西洋哲學史乘的曲解

康德是西洋哲學史上承先啟後的重鎮，因此康德哲學的許多重要內容，大致都可看作西洋哲學史上若干前哲說法之理論的發展。一般說來，西洋哲學史的主要特徵，即是對於宇宙人生中各項基本原理之理智的探討；探討的對象，可以是科學範圍內的「知識方法」，可以是玄學範圍內的「宇宙本體」，可以是人生哲學範圍內的「價值原理」，也可以是宗教範圍內的人格神問題，整個的探討情況，未必即有理論統合的關係，未必即可全部納入一條理論發展的線索。因此，康德哲學的承先性，也不外是一種大概的說法而已——西洋哲學史上的全部問題，並不就筆直地流匯入於康德哲學；我們並未因有了康德哲學，即把康德以前的諸家完全撇開而視為不足再事探究；這一道理是極其明顯的。

然而，由於勞文執定康德的《行理論衡》即為價值問題之總解決，亦即「自由主體」與「內在超越的神」之真正建立，因此，康德所謂不能為知識所知的「道德主體」，遂一變而為不能為知識所知的（包括一切哲學問題的）「無限的本體」，康德哲學在西洋哲學史上的承先性，亦遂一變而為整部西洋哲學史對於這一「無限本體」之轍跡宛然的朝宗——於是，西洋哲學史上所說的主要乃是宇宙論意義的各種本體，便都只能是這一既帶神性更帶主體性的「無限的本體」；西洋哲學史上的一切探討，便都只能是對於這一「本體」的探討；西洋哲學史上諸大家說法的相承，便也都必然是後來居上地向這一「無限本體」的建立步步近逼……於是，勞文所述的西洋哲學史的許多內容，便不能不削足適履，成為與「史」無關的一大堆歪曲，這是我必須大致加以指証的。

甲　勞文的「本體」與哲學史上的「本體」之相違

勞文第二章一開始，即論及本體與實體問題，曰：「實體問題即是最後實有問題」「在西洋哲學史上，則有本體與實體之詞，本體與現象對揚，實體與屬性對揚，皆指最後實有，但至康德則將此二義分開」（十七期九頁上欄）

勞文在十七期，十頁，下欄中，又說：問及「本體是什麼？」時，「本體一詞本身的意義得必須先假定了的」，即已應有「某種性質或屬性」，其所提出的「作為本體或實體本身的意義」者，則是「（A）根源（B）無限（C）恆常。這三義彼此有關聯」。而「這裏所謂的無限，非指數學中的系列的無限伸展，而是『無餘』之義」「現在哲學傳統上的實體的無限性，則指無餘的無限；神、遍在，亦是此義」。此說不然，應予申說。

就英文言，「本體與現象對揚」，即是一般用的 reality（通譯「實有」）一詞，或康德所用的 things in themselves（通譯「物自體」或「物如」）一詞，與 appearance（現象）一詞之對舉；所謂與「現象」對舉，意即在現象背後，在人的一切認識能力之外，為現象之根源的一種存在。

「實體與屬性對揚」即是 substance 通譯「本體」或「本質」與 attribute（康德用拉丁文另寫作 substantia et accidens）的對舉；所謂與「屬性」對舉，就知識論的意義說，實是指各屬性、即性質各各不同的「感官與料」（sense deta，如新蒸蛋糕的香、甜、黃、軟、熱等性），如何能結合成為一事物（即一「知識對象 object 如蛋糕）的這一問題。問題重心，乃在「屬性」何以能有此結合，其能結合為一獨立事物（蛋糕）之理由何在，因此它和與現象對舉的「物如」不同，不必指人的認識之外之物，也不必指各各屬性的根源，因此它不必有物質性，不必有「實在體」之性。以前的哲人以為屬性之結合，必須有一對於屬性之「負載者」（「底子」），即必須有一無聲色香味等各種性質的一個純物質，因而把這一「屬性結合」觀念謂之substance（本體）。但自巴克萊的知識論，把唯物論的一切理由全部破斥得乾乾淨淨以後，康德即以substance為一「範疇」，為人之理性的一種統合功能，用以講屬性之必然結合，毫無遺憾，故它祇存在於人的認識能力之中，也非各屬性的根源，乃是毫無任何「實體」性的。

因此，把「與屬性對揚」的本質（一個「純觀念」，或曰「範疇」）說成「最後實有」，已是對於康德知識之極大的誤解，茲不多論。

現在，我們可以根據勞文「本體」一詞的上述兩種意義（一、「物如」，二、「本質」），看看是否能得出勞文所說的「根源」「無限」「恆常」「神」「遍在」諸義。

就「物如」說，它與現象對舉，它的意義自亦隨現象之性質而為一種對舉。現象依於物如，故物如應是現象之「根源」；現象變動不居，故所依的物如應是「恆常」的——或曰「變中之不變」。但這裏得不出「無限」意，因為這不是與現象對舉之物的必要假定，因為（恰恰與勞文所說相反）「無限」一義並不必然與「根源」「恆常」發生關聯——一切現象不必一定只有一個根源，根源無「唯一」性，因此乃可有二元多元之說，既非唯一，即非無限，若就「本質」說，它只是「屬性之必然結合」，故除「恆常」一義，即「諸屬性的變中之不變」而外，不但不是「無限」（「本質」即以諸屬性之結合為其範限），而且不是「根源」（依康德說法，它只是屬性結合之「認識的理由」，而非產生屬性之「本體的原因」）。而且，無論就「物如」或「本質」的任何一義說，更是全得不出「神」「遍在」等義。

因此，勞文這一「本體」定義與西洋哲學史上的許多「本體」說即都格格不入：希臘的原子論，以無數量的原子為本體，則是「根源」而且「恆常」，但各各原子絕非無限，絕非「神」，絕非每一原子均是「遍在」；縱然原子之數無窮，也只構成「數學中的無限伸展」，不是勞文所說的「無餘的無限」。萊布尼茲之靈子說亦然；笛卡爾之心、物、神三本體說（或約為心物二元，因神不為物）亦然。

乙　勞文對於西洋哲學史之「泛本體論」的曲說

這是勞文為使西洋哲學史上一切討論都導向「無限本體」因而把一切問題都說成「本體」問題而生的若干不實的指陳，其最明顯的例子即是他對經院哲學與培根哲學的說法。

勞文（第二章前半）論及經院哲學，以為：「教會神學家和經院哲學家們便不再費神去討論最後實有是什麼，因為大家都預先承認即是上帝」（十七期，九頁上欄）。

這是不正確的：第一，中古的「唯名論」與「唯實論」之爭，不折不扣，討論的正是「實有」問題。第二，神學家們也絕不會把「上帝」說成最後實有，我們只知他們把上帝說成全知全能全在全善，而從未曾聽說過他們以神為「最後實有」或「最實在」，因為他們以上帝為超越的人格神，他可以創世但絕非世間萬有的「本體」——以神為本體的說法是有的，是即泛神論（如斯賓諾莎）之說或印度的「大梵」說，但不會是經院派。

勞文又說：「培根提出歸納理論時，是想以累積的經驗來獲得對於實有界的知識，換而之，他還想知道實體是什麼」（十七期，九頁下欄）這也是不正確的。培根的問題，在求取「客觀可靠的知識」之原則，他只求知識之客觀可靠，至於所知者為實有為現象，為本質為屬性，根本不在他問題之中，怎會有「想知道實體是什麼」之說？如勞先生堅持此點，則他非把一切講科學方法的科學家全叫做追問本體的玄學家不可。

丙　勞文對於西洋哲學史之「向康德發展」的幻覺

這也是勞文為使西洋哲學史上一切發展都恰合其「為『康德』的本體鋪路」這條線索，因而盡量強調「主體性」「自由性」「內在神性」諸思想在各大哲人說法中的逐步浮現，於是又形成了若干不實的指陳，特以對笛卡爾、斯賓諾莎二人為甚：

勞文介紹笛卡爾說：「（笛卡爾對於上帝存在的）證明，以跳出懷疑圈為始點，而此始點是『我在』的肯定，而非『神在』的肯定，這與中古哲學大不相同」。這也是一種不妥當的說法，絕非史實。因為中古哲學家無不自「我在」証「神在」(十七期，九頁下欄)，最著名的即是Anselmus的「由我有一完美的上帝概念，此概念中包含『存在性』，故上帝存在」，乃至最後還要那些懷疑上帝存在的人去「問你的良心！」。笛卡爾的証明路數，與此實無不同。勞文之故作「大不相同」說，不外顯示笛卡爾之所以較中古經院哲學進步，主要並不在一般公認的他的「理性主義」之啟蒙(因為這對勞文所示的「逐步邁向神性本體」「神性本體不能用智性來認識」這一線索而言，剛好是一種「顛倒」，一種退步)，而應該是在他對「神」之探索已經摸到了「主體性」，因而已向「神性主體」有所發展而已。

其次，勞文(十八期八頁下欄)再介紹斯賓諾莎說：「斯賓諾莎強調最高自由，但始終以神為外在的超越者」，這一說法顯然也是為了讓斯賓諾莎能以「最高自由」來超過笛卡爾的僅僅「本體性」，但又不能不因其神之有外在性而終遜康德一籌，以便形成一個「又向康德跨進了一步」的影相，但這一說法卻顯然忘了斯賓諾莎的

「神」之為泛神，忘了這神包括萬有，因之亦包括小我，絕不「超越」「外在」，只是不和小我「同一」（小我只是「神」的一個Mode）而已——任何講內在的神者，全不會假定其與小我同一，因為小我無窮，而神則只有一個，要與一個個小我同一，正成矛盾。

附識

哲學的客觀性與主觀性

勞文第一章（一）說哲學乃是「哲學家所提出之一組命題及論證」，而其「精神」「則指此一組論證的意向」，其解釋是：「各問題之所以被提出及此各結論成立後之統一後果，則皆表示一意向。哲學家如無一意向則不能擇定其問題，而問題擇定後，經論證處理而獲結論時，此諸結論亦不能不在其根本意向下統一」，於是「此意向即代表一體系之精神——精神即指方向。」

按照勞文上下文所釐定的詞旨，「意向」一詞應是指的「思想指向」或「思想方向」，這一說法本身並無可議處。不過，由於「意向」一詞的字面意義乃是「意志之指向」，因此在一般用法中，常表主觀意味，用以指陳某種「價值之擇定」或某一「見解之執着」，亦即情緒上，或理論上的某一「已決定的心意或知見」，亦即普通所謂的「成見」；如是「意向」此詞用於哲學，即極易使人以為哲學無非各講各的「成見」，無非成見之理論化，如金岳霖在馮友蘭中國哲學史的「審查報告」中所說。這是許多人對於哲學意義的普遍誤解。我雖不以為勞先生本人亦有此種誤解，但為避免「意向」一詞的詞氛誤導計，似願在此對哲學的主觀性與客觀性問題作一解說。

哲學也是一種「學」。哲學史上問題的發生，正如其他學問中問題的發生，常是由於思索觀察所生的某種疑惑，思想家本身的主觀能力與見識，能決定此一問題之能否被提出，但此一問題之如此而不如彼地提出，則必由於事理之本身性質，特別是由於該一學問或該一思想在發展上的歷史線索，已到某一地步，乃能催生（逼出）某種問題，因而呈現一種在集體思索下之有因果關係的歷史發展現象（如有中古哲學，乃有理性主義之發明，乃有經驗論之反發，乃有康德之新努力）。

其次，哲學史上問題的解決方案之提出，也正如其他學問中的問題解決方案之提出，乃是一種謹嚴的、統一的（Consistent），有機的（Conerent）結論產生一明確固定的判斷指向，乃是一種（就提出此結論者說）理論上的必然，而絕非任何主觀的擇定。因此，在哲學研究中，無論問題的提出，或是結論的建立，在在都與「成見」無關，亦即都與一般用以代表主觀要求或先在意見的「意向」無關。蘇格拉底之提出知識價值的客觀有效說，與其任何主觀要求無關，正如哥白尼之提出地球繞日問題，與為推翻教會權威或別的什麼無關一樣；康德與休謨在知識論上結論的不同，並非由於二者間的不同成見，正如愛因斯坦與牛頓在物理學上結論的不同，並非由於二者間的不同成見一樣。

先秦思想引論

哲學思想與文化活動

任何文化都必然包含有哲學思想的成分。文化源於人對各種事物的省察、研究與創造，這種省察、研究、創造的努力用到宇宙人生總體上來，便產生了哲學。因此，人類的哲學思想，幾乎是和人類的其他文化活動同時開始的。中華民族具有悠久的文化，因此中國人的哲學思想活動，從遙遠的上古便已開始；中國古籍中許多零星的章句，無不可以視作中國哲學思想的開端。

中國哲學思想系統的成立

不過，真正的哲學思想，必須是一些有系統的思想，而不能僅是一些零碎的意見和片斷的靈感。在古代，祇有貴族階級纔有知識，貴族階級當然沒有時間來從事專門的研究和著述，因而自然不會建立系統的思想。到了春秋戰國，由於貴族政治的崩壞，政治、經濟、社會各方面都發生了激烈的變化，爭戰不休的諸侯都想招賢納士，富國強兵，而面臨這一歷史鉅大變化的才智之士，也都想建立各種理論，來解決當時的時代問題；這時，過去的貴族不少變成了平民，使知識廣泛傳佈民間，而民間有學問有能力的人；又都有許多可使自己立刻成為卿相的機會，因而更刺激了大家學習研究的熱情，於是新的思想不斷出現，舊的思想也獲得了重新整理的機會，各種有系統的思想在這時纔開始成立，其中主要的更一直流佈其影響直到今天。因此，要講中國哲學思想的源流，必須從先秦，亦即春秋戰國時代的各種思想講起。

先秦哲學思想的派別

春秋戰國時代的思想，古人通稱為「諸子百家」。班固的《漢書藝文志諸子略》則把它們大致分類，成為「儒」「道」「陰陽」「法」「名」「墨」「縱橫」「雜」「農」「小說」十家，並說：「諸子十家，其可觀者九家而已」。因此後人又從班固所分十家之中，略去「小說」一家，把其餘九家稱為「九流」，作為中國古代思想的全面代表。「九流」之中，「儒」「道」「墨」「法」四家的思想，尤其是方面廣闊，系統嚴整，乃是最足代表古代中國思想成就的。

儒家思想大要「九流」之中，最能代表中國古代傳統思想、而且後來也一直成為中國思想主流的，是由孔子及其弟子所建立，再經孟子和荀子加以發揚光大的儒家。儒家的思想以人生價值為中心，認為人生的最高目的，在發揚生而具有的美善的天性（「仁義禮智」之類），改造轉化人性中美善部分以外的各種劣根性，使人能經由其崇高的道德修養，到達一種「美善相樂」的崇高的人生境界。因此，儒家所主張的人的學習和實踐，主要便是道德修養的學習和實踐；學習的重點是對於自我善性的認識，實踐的重點是用「忠恕」之道來善盡自己在各種社會關係（「五倫」）中的責任，並把仁愛逐層推廣，「親親而仁民，仁民而愛物」，以建成一個充滿仁愛的和平安樂的社會。儒學認為政治的主要目的在教化，政治即是達成理想社會的主要手段，因此一方面認為知識分子的使命在由「修身」「齊家」以至於「治國」「平天下」，另一方面認為統治者的使命在行仁政，必須一切為了人民，如果不顧人民，施行暴政，則人民有權起而革命，「變易社稷」。儒家思想的代表著作，是《論語》、《孟子》、《大學》、《中庸》（合稱四書），其次是《荀子》和宋明理學家如程顥、程頤、朱熹、陸九淵、王守仁等人的著作。

道家思想大要

在中國思想史上，其影響力僅次於儒家的，是以古代隱士思想為基礎，在《老子》、《莊子》兩部書中集大成的道家。道家思想的主旨，在追求個人絕對的精神自由（「逍遙」）。這種自由生活的達成，一方面在「順應自然」，不去強求人力所辦不到的事，最好根本不用任何人力，祇在生活中注意各種當下的現實的滿足；另一方面在「齊物」，即泯除是非、榮辱、得失、善惡、美醜等等價值的分別，因而使自己不再去理會是否滿足或不滿足。因此，道家反對任何人為的追求，反對各種人為的政治、經濟、社會的制度，甚至反對造成各種分別歧視的道德和知識。道家對於政治社會的理想，是一種「小國寡民」式的烏托邦思想；道家對於人生的理想，則是一種「以死生為一條、以可不可為一貫」的曠達而又神祕的思想（道家之中，《列子・楊朱篇》所代表的那一派，甚至發為絕對縱慾的理論）。道家思想的代表著作，是《老子》和《莊子》，其次是後人偽託的《列子》，再其次是魏晉時代的各種玄學著作。

墨家思想大要

不為中國後來的知識分子所重視，但在中國下層社會中卻一直保持其鉅大影響力的，是在春秋戰國時曾和儒家分庭抗禮的墨家。墨家由墨子及其弟子創立，以《墨子》一書為代表。墨家思想的主旨，在根據人的道德和宗教的情操，來建立一種組織嚴密，享受儉樸的社會生活。墨家思想從如何安定社會秩序這一觀點出發，在基本上主張人應「兼愛」以避免各種爭執，因此人應破除各種私心，甚至給親人的愛也要和給陌生者的愛一樣。「兼愛」之外，一方面主張「明鬼」，以建立一種賞善罰惡的宗教信仰；另一方面主張「上同」，以建立一種使人民的思想和行為都能一致的嚴密的政治制度。在這以外，為求政治效率的提高，墨家主張用賢（「尚賢」）；為求鼓勵人為的努力，墨家反對命運（「非命」）；為求照顧到更多人的基本物質生活，墨家反對各種需要消耗人力財力的文化生活（「非樂」）；為求加強理論力量和提高物質生活，墨家是先秦諸子中唯一注意理則學和科學技術的學派。墨家思想在秦後便不再流行，但是二千年來中國下層社會各種會黨的思想和精神，幾乎全可說是墨家思想的繼承者。

法家思想大要

在中國哲學思想中不佔多少地位，但對中國政治思想則具有最大影響力的，是特自君主立場出發，來尋求統治之道的法家。法家思想從「性惡」的觀點出發，認為道德不能治國，治國必須依靠上下共守的固定的法律，而法律則必須按照當前的情勢和問題來制訂，根本不必理會古代的傳統為如何。法家的所謂治國，事實上即是君主對國家的有效統治，因此認為除「法」之外，君主還需要有控制臣下的權謀(「術」)和鎮懾大眾的威勢(「勢」)。因此，君主不僅要「法」，同時這法還必須是「嚴刑峻法」；至於民間的一切學說思想，則應該用政府的力量來嚴加禁止，以免其非議法令。這是一種非常接近現代極權理論的學說，這一學派的最主要的代表是《韓非子》的作者韓非，其次是韓非之前的申不害和商鞅。

其他各家思想大要

除去上述儒道墨法四大學派之外，「九流」中其餘的五家，嚴格說來都不能真正算是學派。名家是用詭辯來啓發古人對於理則學和概念分析的思想的，代表著作為《公孫龍子》。陰陽家一方面是原始的天文曆算學者，另一方面又是玩弄玄談的術士。農家是古代農藝學者，同時又是提倡君主也該下田耕作以治國家的淺薄的政治學者。縱橫家是講究辯術的策士和說客。雜家則是希望溝通各派說法而事實上僅成了各派說法之雜湊的「百科全書」式的學派——不過，雜家的兩部代表作，即戰國末年呂不韋門客輯成的《呂氏春秋》和漢初淮南王劉安門客輯成的《淮南子》，則是頗為後世重視的古籍。

儒家為中國思想的主流，綜結說來，先秦諸子之中，勉強能算學派的祇是上述

「九流」，「九流」之中真正能算思想學派的無非儒道墨法四家，而這四家之中，影響中國人的思想最深最遠、能稱為中國哲學思想主流的則不過儒家一派。

馬來亞華人在所受教育和宗教信仰上雖各有不同，但在倫理觀念上一概是以孔孟的思想為宗。因此，本章以下各節，也便以介紹儒家思想為主。

關於中西文化問題

「中西文化問題」這個題目，所涉及的範圍很廣，決非三言兩語可以解釋清楚的，現在，我只打算作一個概括的闡發。首先，我打算說說的是：

（一）文化的意義

（甲）定義——文化的定義簡單說來，正如西文 Culture 原義「栽培」「繁衍」等之所示，就是人為了滿足各種需求而生的人為創造（中國所謂「文」），在社會上的普遍流佈與歷史上的傳承開展（中國所謂「化」）。（乙）內容——（一）人是本能的動物，即西哲所謂「人是兩足、無毛、能笑的動物」，甚至莎士比亞劇中酒色之徒所謂「人是不渴而飲、四季有性慾的動物」，因此有為了滿足自然生活的需求而作的各種創造，這便是羅素所謂「人與自然爭」而產生的，關於了解和利用自然的經驗、知識、技術等等，亦即自然科學研究的內容。這些內容，例如古中國傳入西洋的火藥、羅盤、眼鏡、造紙術、印刷術，或近世西洋傳入中國的「佛郎機」和天文學，其在不同文化之間的傳播和吸收，常是最迅速、最自然、最容易的。（二）人是社會的動物，即亞里士德所謂「人是政治的動物」，因此有為了滿足社會生活的需求而作的各種創造，這便是羅素所謂「人與他人爭」而產生的，關於社會活動和社會機能之各種建立、維持、調整、改善的辦法和原理，法規和制度等等，亦即社會科學研究的內容。這些內容，例如古中國的科舉取士制在近世傳入西洋而成學校考試制與文官考試制，或近世西洋的議會制之傳入日本而成戰前日本的特殊憲制，其在不同文化間的傳播吸收，由於必會牽涉到原社會中普遍的習慣、成見與複雜的利害關係，乃至牽動原社會中許多相應的繁複機能，因此常是阻力較大、學習較吃力、而成果也較易變形而加上原社會的若干特殊色彩的；但這種學習吸收仍算一種自然合理的現象，社會的阻力常非不可克服，如趙武靈王之「胡服騎射」的胡化，如日本之「大化革新」的漢化，都表示所學習的如確是值得學習，則社會阻力並不會真正為害。（三）人是靈性的動物，亦即中國所謂「人為萬物之靈」，「人為三才之中」，西哲所謂「人是理性的動物」，「人是會審美的動物」之類，因此有為了滿足精神生活的需求而作的各種創造，這便是羅素所謂「人與自己爭」而產生的，關於心靈生活之清明、和諧、充實、圓滿所作的各種探索、努力、與成果，即是人在理智生活（真）、道德生活（善）、藝術生活（美）、宗教生活（道）中的各種創造與實踐，這即是人文科學研究的內容。

這些內容，乃是生活在一個文化之中的全體的人之全生活的主宰原則，而不同的文化在這些內容上的優劣，譬如不同的藝術精神或宗教信仰的孰優孰劣，又常難作顯明的對比和判斷，因此其傳播和吸收也最難。在歷史上，良好的吸收常是優良部分的吸收和所吸收者在原有文化精神中的消化與融合，如古中國之吸收胡樂與佛教；不良好的吸收則常是遺其精華而取其糟粕，如古羅馬不曾接受希臘哲學中的科學精神卻接受了它小支派中的享樂主義；至於「全盤吸收」，則無異即是原有文化生命在歷史中的全盤消滅，即是純粹的同化於異族，如滿蒙民族的漢化，古代北歐民族的基督教化，古埃及的回教化（與此對比的，即是猶太人亡國數千年之仍然「不化」而有其新的生命）。

根據上述了解，我們現在可以談第二個問題：

（二）中西文化的比較

（甲）中西傳統文化的比較：

（一）文化精神的得失——這是用通貫彼此全部歷史的基本精神來作比較，因為這是變化最少，較易比較的。一般說來，中國傳統文化精神的主流是儒家思想，重大輔流則是道家思想，儒家的基本精神是注重現實人生的充實和諧，因此注重人人都可實踐的人生理想與倫理道德，道家的基本精神是注重自我心靈的自由超脫，因此注重淡泊空靈的精神境界而輕視理知追求與物質享受。儒家形成中國文化中的道德傳統，道儒二者則共同形成中國文化中的重情藝術（詩歌、書畫、金石、建築、音樂等）傳統與特殊的泛神宗教精神。至於西方傳統文化精神的主流，則一為希伯來的基督教，二為希臘的理知主義。基督教的基本精神是注重宗教的解脫亦即現世以外的人生歸宿，因此強調聖徒式的自我犧牲精神、苦行精神和對超越者的皈依奉獻精神，理知主義的基本精神是注重外界的客觀法則與內心的理智秩序，因此強調研究自然、創建客觀的社會秩序、和肯定人的物質慾望與功利衝動。基督教形成西洋的道德觀念、宗教意識與重情的藝術（詩歌、音樂、圖畫、雕刻等），理知主義形成西洋的科學精神、民主觀念、社會意識、權力思想、功利主義、物慾主義與重理（理智了解與結構）的藝術（史詩、戲劇、小說與各種「現代派」的藝術等）。因此，中西傳統文化的比較是頗為複雜困難的，因為中國的儒道思想有若干矛盾，西洋的基督教精神與希臘精神間的矛盾更大。不過可說的是：中國人的一般精神生活是普遍和諧的，其最具體的表現即是在世界各大文化民族中，中國人最不喜歡自殺（殉國者除外），最不容易瘋狂，而且幾乎沒有任何「夢遊病」，甚至連「神經衰弱」的嚴格同義字都很難在中醫術語中發現；中國的道德教條全都平實可行，因此中國人中其行為能與經典教訓完全吻合的的正人君子相當多，整個國家也不愛侵略（中國人只要藩屬朝貢，而不派兵去佔領、掠奪、壓迫，如西洋帝國主義者之所為）；中國藝術講究中正平和，重和諧而不重興奮；中國的知識發展、物質成就與社會進步的速度大致是穩定的。西洋則有少數「以德報怨」「打左臉、奉上右臉」的聖徒，但競爭奪取的精神則更普遍；西洋藝術有深湛的宗教安寧，但更多的是使人筋脈怒張的興奮刺激；西洋的知識、物質、社會組織的成就，在基督教精神佔優時可遠低於中國，如歐洲的黑暗時代正是中國的唐代，但在希臘精神抬頭時卻又可能使中國遠遠落在後面，如「文藝復興」「啓蒙運動」之後的近代和現代。所以，歸結說來，西洋的「傳統精神」和中國的相較，可說是分裂而不均衡的，因此也是缺乏安定而較易產生毛病的。

（二）歷史成就的得失——這是用整個歷史中同時的各階段來互作比較，而不只是現代西洋與現代中國的比較。在這一方面，由於中國文化精神的比較穩定，與西洋文化精神的變化較大，因而其成就也就在不同時期表現不同的優劣；不過，把原自近代中國偶然政治因素的現代除開，則中國文化的成績顯然高過西洋許多：

a、文治方面：一、中國大一統的和平時期比西洋要多也要長久；二、中國有廿四史中的「相砍」紀錄，但西洋除去比中國還多的政治「相砍」外，還有「宗教戰爭」「宗教迫害」這些「相砍」；三、中國的科舉制使貧賤的人很快便變成公卿，公卿甚至帝王的子孫也很快就變成平民（如劉秀），因此沒有西洋式的階級分裂，也沒有西洋那種階級的壓迫；四、中國的藝文成就一直很高，漢代與羅馬差不多，唐代的文藝黃金時代正是西洋文化停滯的「黑暗時代」；五、中國的物質成就，在清代以前一直很高，因此「東方」一詞，在西洋人心中自古即是「富庶」的代詞，「東方」

在西洋人心中的聯想即是黃金、香料、絲綢、磁器、錦繡和茶葉的國度。

b、武功方面：鴉片戰爭前，中國和西洋幾乎沒有正面的武力衝突，但我們亦可由下列各點作間接的比較：一、我國歷代的版圖，一般說來，都遠較歐洲各時代中的統一國家為大；二、西羅馬是被日耳曼蠻族所滅，日耳曼蠻族是因匈奴人的遷徙而受趕逐，而匈奴人則是被漢將竇憲所驅逐的，東羅馬則是為突厥人建立的奧斯曼土耳其所滅，而突厥人也是被中國的唐太宗所驅逐的；三、阿剌伯的「大食帝國」從新疆的陸路和南海的海道的商業貿易，都和中國早已發生密切的接觸，但它即在向東方全面發展，席捲中亞、侵佔印度的全盛時期，也僅能在西域與雲南邊境向中國武力小作試探而賡即罷手，並不曾真正騷擾中國，反而進攻較貧瘠的歐洲，使東羅馬帝國首都拜占庭多年不能解圍，更長期佔領過伊伯利安半島；四、蒙古人派部將輕易征服遙遠的東歐（自烏拉山直到布拉格）以後，經過了很長時問，用出多次「御駕親征」的全力，而且最後還靠着它放棄了原來的游牧文化，完全採納了中國文化的「禮樂典章」亦即各項制度和生活方式，以「漢化客帝」的姿態，取得南宋降將的全面合作以後，再加上新式武器「回回炮」的威力，最後才能滅掉密邇其本土的南宋；五、就是近代，清初鄭成功也在台灣痛敗過荷人，彭春也在東北擊退過俄人，到鴉片戰爭時，中國積弱雖深，但林則徐、鄧廷楨依然在廣東、福建與英軍打成平手，即在中法戰爭中，馮子才亦曾是在越南諒山擊敗了法人的。

綜觀以上各點論證，中國的傳統文化，絕不是趕不上西方，而且可說是一般超過西方。

（乙）中西今日文化的比較：

（一）先就文化精神來說：中國的優良傳統文化精神，在近幾十年來中國知識分子的自我破壞中，幾已喪失殆盡，然而中國藝術的價值，在外國社會中生活的中國人的和平安寧的生活態度，以及其絕少產生少年犯罪紀錄的家庭教育，仍然受到全世界的尊重；其次，在（二）社會文化及（三）物質文化上，今日中國當然比不上西方，但這只是明清兩代閉關、八股、文字獄、考據、與漢滿內在鬬爭，最後造成商業活力凍結、經濟發展停頓、心智活動僵化、社會原有調節機能失靈所致，這和主導中國人之藝術、道德、宗教諸方面生活的「中國文化」精神本身並不相干——因為這個同一的「中國文化」，在魏晉隋唐時期，即絲毫不曾阻礙過中國人對於異族各種文化財富，諸如胡牀、胡琴、胡樂、胡舞、以至「胡神」（外來宗教）與若干胡人政軍財經制度的接受與消化。

（三）今日中西文化問題的來源

（一）自從鴉片戰爭，中西武力發生衝突，而清廷慘遭失敗後，中國即陷入長期內憂外患、愈來愈貧弱之局，使大家開始動念「學習西方」。尅實說來，清政府之所以失敗，完全是由於「國力」的衰微，亦即 a、科學（知識力）的落後，b、工業（經濟力）的不發達，c、民主組織力（政治力）的欠缺，更且由於固有精神力（民族生命力，即全社會諸分子一般的信心、勇氣、毅力、合作精神、創造意志的普遍水準及其總勢態）的麻木冬眠所致。（二）因此問題在科學、民主、工業的建設，但這種建設需要安定的政局與穩定的經濟，需要長期的教育學習與建設資金的累積，而內憂外患則不讓我們喘氣，不給我們建設的條件——百多年來內憂外患，自清末對外戰爭不斷失敗，內部則由太平軍之亂、捻匪之亂、回民之亂、拳匪之亂、以至頑固派、立憲派、革命派之爭，到民國建立後的護法之戰、護國討袁之戰與長期軍閥混戰，再到北伐勝利後的討馮閻之戰，再到對日全面長期抗戰，直到抗戰勝利後的國共全面內戰，中國幾十年來有那一段時間是昇平安定的日子呢？（三）經濟的破產，來自內憂外患，來自西洋工業國與日本對中國的「入超」，其結果使中國不能出現強大的中產階級，因而缺乏發展科學的社會支持力，與建立民主的基層安定力。（四）文化自信的喪失，使全社會由人心浮動、見解紛歧而造成精神上的團結凝聚力的崩解。

(四)今日中西文化問題的癥結

(一)「現代化」並不等於「全盤西化」

如上所說，中國的「現代化」問題，是而且只是如何能在中國建立科學、民主、工業的問題，亦即「文化」定義中的自然科學與社會科學兩方面之現代進步成果的吸收問題，而不是以西洋宗教代中國人生哲學、以西洋藝術精神代中國藝術精神、以西洋道德思想代中國道德思想這一層次的問題，亦即不是以西洋文化科學範圍內的具體內容來替換中國傳統文化中的精神和理想的問題。

然而近十年來中國思想界的混亂，卻使這種文化層次發生混亂，因而「現代化」問題遂一變而為主張對中國文化傳統全部趕盡殺絕的「全盤西化」論，而不知二者絕非一事，這是極可惋惜的——我們只要看看「全盤西化」論者與「中國現代化」建設努力的關係，即可獲得初步了解：「全盤西化」派的主要人物，從五四運動以來，著名的有胡適、丁文江、吳稚暉、陳序經等人，以至今日台灣的若干人士，但這些人其實全是空呼口號，全不曾在科學、民主、工業化的正面工作上有過真正努力，其努力只不過是在「打倒傳統文化」這一純消極性、純破壞性的宣傳活動而已。譬如胡適提倡科學，但他並不向大家介紹科學，他提倡民主，但他並不從事任何民主運動；丁文江提倡科學民主，但他卻放棄他的科學工作而去作官，而且是作軍閥孫傳芳的官，甚至還提倡過法西斯主義；又如吳稚暉，他也只高高在上的做了幾十年大官，說了幾十年俏皮話，而不會有任何學術工作與社會工作……其餘的也都如此，不必列舉了。反觀這幾十年來曾在科學、民主、工業化的具體工作上有過努力與貢獻的曾國藩、李鴻章、張之洞、張季直、梁啓超、梁漱溟、張君勱等人，卻全都是主張維護中國文化的「傳統主義者」。

(二)「現代化」的基本條件——政治和社會的安定

我們試觀西洋民主政治鞏固與科學研究發達的原因，最主要是由於「遠洋貿易」「商業革命」和「工業革命」造成的富裕的經濟力與不斷壯大的社會力，而這些條件之能達成，則是由於它們有強大的中產階級的存在，而強大的中產階級之能出現，則主要由於它們在政治上有長期的基本安定。正如柏拉圖所早已指出的，中產階級是社會的安定力量，是民主政治的基石，更是科學研究的褓姆。這道理在；民主的主要條件是分權制衡，是要有一大群不為生活所困的自由人來形成輿論和監督當權者，這就是說，需要一個強大的中產階級。而科學的主要條件更靠的是社會繁榮、工商發達、國家財政充裕、政府和企業團體都需要科學家也養得起科學家——科學和哲學文藝都不同，一方面它不以研究者自己的情緒內容為對象，因此研究者對物質上精神上的痛苦的抵抗力不會超過常人，另一方面它的研究不靠靈感而靠系統知識的學習和積累，因此研究者需要長期的生活和心情的安定；因此它需要研究者衣食無憂，社會尊敬，有榮譽，有享受，有閒暇，纔能安心作長期的、一點一滴的學習和研究，憂柴憂米，到處受白眼的人，可能成為「安貧樂道」的哲學家，也可能成為「窮而後工」的藝術家，但幾乎是不能成為偉大科學家的。

(三)「現代化」與傳統文化的關係——「相成」而非「相反」

綜上所說，我們可得一結論：一個國家的民主、科學、工業之發達，完全要靠中產階級，要靠一個富裕安定的社會，這就要靠安定的政治環境下的社會建設和經濟建設，這和主導人類精神生活的傳統文化精神的關係，就理論層次說是不相關的，是不「相反」的，不僅如此，就實踐的因果關係說來，它們根本正是不「相反」而「相成」的——這一道理，正如今日衆多的文化人類學家所都已指出的，科學、工業和民主政治的建立，只有在不動搖原有「價值觀念」（即原有的文化傳統）的情形下，纔最可能成功，因為，成功的建設要靠政治的安定，政治的安定要靠社會的安定，而社會的安定的根基，即是全社會人心的安定，即是大家在各種「價值觀念」上和「思想見解」（所謂「意識形態」）上的和諧一致而非矛盾滅裂。

我們可以舉幾個明顯的例子：日本的脫胎於中國的傳統文化，不曾妨礙它的「明治維新」亦即其議會政治的建立與科學、工業的建設，印度的「印度教文化」也並未妨礙今日印度的民主、科學和工業化的建設，以色列的「猶太教文化」更不曾妨礙其成為今日第一流的民主國家、工業國家、乃至傳稱即可自製原子彈的科學國家，甚至極權主義的蘇聯和法西斯德國與義大利，也都有輝煌的自然科學和工業建設的成績——它們「傳統文化」全不同，只有一點一樣：由「文化觀念」亦即思想見解之基於歷史自信的自然和諧或來自極權暴政的人為劃一所形成的、政治和社會的安定。

（四）中國「現代化」建設工作的迷途——治標的努力與破壞的努力

近幾十年中國有識之士，為了中國的民主科學與工業進步而提出了種種主張，其中的「全盤西化」論者，可大體分為積極派和消極派兩種：積極派如過去的教育部長陳立夫，認為只要能讓許多優秀人才都去學習西洋的科學知識和工業技術，中國便可科學化，於是給研究理工的學生各種方便和利益，消極派只是高呼打倒孔家店，以為只要把中國數千年來的傳統文化破壞消滅以後，「屋毀」則「渠自成」，「渠成」則「水自到」，中國便自會出現科學了。這兩種人都是完全謬誤的，他們都不了解科學化與「中產階級」以至政治安定、社會安定、人心安定、文化意識安定的因果關係。於是，「孔家店」倒了，中國並未科學化，近二十年來中國優秀人才大都去學理工了，然而他們上焉者只能到美國去研究，得諾貝爾獎金，或替美國政府發展核子科學和太空科學，中焉者只能給政府當作「剩餘專家」輸山到亞非各國出去幫它們建設，下焉者則不是教書便是作官——他們絕大多數全不曾為中國的「科學建設」工作，這絕非因為「中國傳統文化」使中國社會拒絕他們去從事建設或研究，而僅僅是因為中國社會現在還沒有為他們提供廣大就職機會與優良地位待遇的可能，沒有使他們樂意研究、安心研究甚至最起碼的養活他們的條件。

（五）餘論——中國傳統文化與科學民主精神

最後，或許有同學會提出問題，中國的傳統文化精神之中，是否有些是與科學民主精神有牴觸的。現在我也打算就這個問題澄清一下此刻，我願分開兩方面來說：

（一）科學方面：莊子的「絕聖棄智」、「有機事者有機心」、慎到的「無知無慾」的思想，否定了一切知識追求的價值，《禮記》的「德成而上，藝成而下」，起碼也瞧不起科學知識。但這些並不能說是代表我國傳統文化，中國傳統文化主流的先秦儒家思想不是這樣的。孔子說：「博學之、審問之、慎思之、明辨之、篤行之」又「多能鄙事」，就正好給莊子和《禮記》一個有力的駁斥（孔子反對樊遲學稼，根據孔子下文的批評意向，在反對農家的為政者應與民「並耕」的政治思想，非反農藝，因為孔子的政治主張，正是要「足食足兵」，要「富而後教之」，亦即正是以農事為首要之務的）。此外，孟子經常稱讚「大匠」，痛罵墨子卻絕不罵墨子的科學知識，主張要知「千歲之日至」，都是明證。

（二）民主方面：漢宋的腐儒提倡三綱，如《白虎通》及《禮緯》說：「君為臣綱、父為子綱、夫為婦綱」，這些豈不是與民主精神大相違背？是的，但這也不能代表正統儒家思想，只能代表漢代腐儒膚淺的見解，因為孔子的「君君臣臣父父子子」，即是「各有各的責任和義務，不能違背」，即彼此是對等的，又主張君應接受「天命」，而「天」則是「天視自我民視，天聽自我民聽」，即「天便是民」；孟子更明說：「君之視臣如草芥，則臣之視君如寇讎」，又「民為貴，社稷次之，君為輕，」又「變易社稷」，又君為「天吏」，「四境之內不治」的失職之君，即可像失職的官吏一樣加以罷黜，所以不像樣的皇帝便失去了皇帝的資格，所以「聞誅一夫紂矣，未聞弒君也」，這些思想，都是主權在民的思想，絕非「君為臣綱」的專制思想，這比歐洲的民主思想發達還早了許多世紀，又怎能說我國傳統文化與現代民主精神是基本對立的呢？

國家機體論發凡

國家是統攝人類社會生活的、一種具有高度精神意義的抽象複雜的存在。國家的定義問題，從國際政治學、權力政治學、社會學、人類學各種不同的角度出發，可以獲得各種不同的解答，這些不同的解答，有的為義不周，有的機械冷漠，有的甚至使人望而生畏，總之它們全與具有感情意義價值意義的「愛國」觀念毫無關聯或雖關聯而有其局限；要講愛國問題，對於國家的定義就必須先作一番爬梳清理的工作。

首先，不是從一個活生生的國民立場去認識的、而僅是從機械分析與外在觀察來立論的各種國家定義，在此必須加以排除。我們經常聽說國家是「領土、人民、主權」三大要素合成的存在，然而這種存在，譬如說過去的滿清政府、袁世凱「朝廷」，常也正是「愛國志士」們不惜身命去努力否定努力推翻的存在；這種意義下的「國家」，絕不等於愛國者所願去愛也應該去愛的國家。我們也常在看到國家被定義為即是「軍隊、警察、法院、監獄」，即是一群人壓迫另一群人的「機器」；這種「機器」，至少在受到壓迫的那一方面說來，顯是至不可愛之物，因此也絕非「愛國」觀念下那種人人全有義務也全有權利去愛的國家。即此可知，愛國者所愛之國，絕不等於任何已有的法令系統，絕不等於任何現實的政權。

其次，歷史上各種確有國民感情基礎的國家觀念，由於其感情的局限性與層次性，常常也並不等於我們今日所說的愛國精神的真正歸嚮：

一、我們習知「忠君愛國」之義，這一意義下的「國家」，以「國之本在家，家之本在身」的君王為代表，君王一方面是「日月光華，弘於一人」，一方面也是「萬方多難，罪在朕躬」，因此自然成為國民感情的具體寄託，成為「君臣之義」的國民效忠對象；但是，桀紂仍能成為可受誅戮的「一夫」，可知「忠君愛國」之義當然是有時而窮。

二、我們習知「精忠報國」之義，實踐這一口號的代表人物岳飛，不僅要忠於「今上」宋高宗，而且還要「迎還二聖」，可知這一意義已廣於「忠君愛國」，其愛國的指向，乃是自己所屬的、自己對之具有深厚感情的朝代和法統；但是，這裏的國家，僅是顧亭林所謂其興亡唯士大夫有責的「國家」，其感情意義仍是並不普及國民全體的。

三、我們習知「天下興亡，匹夫有責」之義，按照首倡此義的顧亭林的說明，「天下」即是國民精神生命之所寄的歷史文化，其對國民的感情意義之深廣自是不饒繁說；不過，我不認為歷史文化的價值在其自身，我認為歷史文化僅是民族精神生命之具體憑依而非其目的所在，歷史上許多歸化外來文化的國家，只要其歸化確是出諸正確的理智抉擇，則我們很難責備此種在自由意志下倡導歸化者為不愛國，如過去日韓越暹諸國的漢化，如俄國彼得大帝的西化，乃至如羅馬以及中古歐洲各國的基督教化皆是，因此我認為這一愛國意義下的國家觀念顯也未見周全。（必須聲明：我在這裏講的僅是一般理論，與時下中國應否「西化」問題無關。）

四、我們習知「國家至上，民族至上」之義，這一意義下的國家，從民族血緣民族感情開始，以在一個共通法律秩序之下長期生活造成的社會感情社會生命為本，成為一個由純感情直到廣義功利觀念的複合效忠對象，亦即國家主義者所津津樂道的那個「大我」存在，因此其意義之廣博深厚，自不待言；可是，排斥其他同類的偏狹的民族主義，欺凌殘害其他同類的各種方式的帝國主義，正全都由此一「國家」意義而生，僅僅執着此一國家意義的愛國精神，絕非對於全體人類同時有效的愛國精神，所以這一國家觀念，在價值的深厚性上顯也有其限度。

五、我所了解的、具有人類意識的愛國者所愛之國，應是以「四海之內，皆兄弟也」的仁愛為本，在「親親而仁民、仁民而愛物」的仁愛推廣過程中的一大精神實踐的指標，亦即在個人道德生命發展之某一層級上落實凝定的綜合圖像；我認為比較最少毛病的愛國理論，必須從這一論旨出發，不過由於這一意義牽涉到極深的哲學問題，在此我祇能略說。

我認為國家的本質，可用或可以借用亞里士多德的「人是政治的動物」一語來作說明。人在其生命價值的追求和實踐中，一方面是感情活動之由近及遠再自外朝宗的層層輻射與迴環交疊，另一方面是理知追求之在「人同此心心同此理」下的通力合作與繼往開來，再一方面是各種具體生活內容、在各種有形無形及各種層次範圍的契約關係下的依賴制衡與滲透融會；這三方面的實踐，合為人之生活和生命的全部內容，因此人生內容的各部分無不在縱的方面攝入歷史傳承的長流，在橫的方面化進社會結構的廣洋，使人的生活雖不斷在各種嶄新的自由創造之中，仍必表現其為歷史性和社會性的生活，是即一般所謂的「文化生活」——文化生活先天地即是一種綜合涵攝的繁複秩序體，特從這一秩序體的「秩序」，即其嚴整穩定性及其整體活動性的意義着眼，人即產生「政治」觀念；政治的器用圖像是「國家」，「國家」即是人之文化生活這一繁複秩序體的一個具體稱謂，一個在人之廣大歷史生活社會生活中劃出一系明確範圍的體制，一個自覺的或不自覺的共通秩序與集體意志的象徵；國家的具體代表是行使國家權力者，行使國家權力者的支柱是能使國家表現其秩序的權力系統，權力系統的支柱是全面社會結構及其集體意志之所向；全面社會結構及其集體意志的支柱是人群整體之自覺或不自覺的各種文化理想；全民文化理想的基礎則在人之全生命的追求及其基本價值觀念。因此，國家的根源在人生價值本身，亦即在人之所以為人的人性本身；從這一基本根源出發，「國家」的意義有其逐步落實的許多層次，這些層次通過人的自覺體察，遂產生了各種各色的國家觀念；這些國家觀念全是確有所見確有所指的，但如執定某些層次的觀念，而不了解此一觀念背後的脈絡，則由此建立的各種說法便常不免派生錯誤。

根據上述了解，我願嘗試在此分劃一下「國家」這一觀念的各種不同層次的意義，我認為這至少可以分為下述六層意義：

一、作為人之價值實踐總體的國家——這是國家的根源意義，即古人所謂「雨露所潤、舟車所通」的「天下國家」，亦是「普天之下，莫非王土」心理之所從來，這種包舉有生之倫的龐大國家觀念，亦即以宇宙整體為人生實踐全域的最基本的國家觀念；這種國家觀念的中心，我願在此杜撰一名，謂之「仁統」。

二、作為人之感情連鎖及活動繫絡之整體的國家——這是上述「天下國家」實化下來的較次級也較具體的觀念，是即凡有感情和生活之錯綜密切關係的人所合成的社群圖像，亦即尚無嚴整的文化信守更未組成總的政治體制的社會單元，如秦未統一以前的中國，這可以稱為「社群國家」；這種國家觀念的中心，也可在此杜撰一名，謂之「親統」。

三、作為人之共通文化意識實踐體的國家——這是上述「社群國家」再度實化的觀念，它已不僅是血緣關係地理關係等外在關係造成的感情與生活的社群整體，而且更是在感情與生活諸關係的表現實踐上，具有特殊共性、體現特殊氣質的總體，是即具有自我歷史文化（但未必合為同一政治單位）的國家，如史上分裂時期的中國及近世統一以前的德國，這可以稱為「文化國家」；這種國家觀念的中心，即是一般所謂的「道統」。

四、作為社會生活之嚴整秩序體的國家——這裏纔進入政治學上的國家觀念，這是上述「文化國家」再度實化的觀念，這裏已不僅祇有共通的文化意識，而且還有這些文化意識所具體構成的典章制度，使社會成功一個嚴整的秩序體，一個自主的統一的政治單位，是即「政治國家」；這種國家觀念的中心，即是一般所謂的「法統」。

五、作為嚴整秩序體之組織圖像與行動主體的「國家」——這是上述「政治國家」又一度實化而成的觀念，是各種典章制度之實際的運作系統，是國家行為的發動者與執行者，是即「政府」「政權」及當朝的權力集團；這種國家觀念的中心，可以謂之「政統」。

六、作為「政統」之具體代表的「國家」——這是「國家」觀念的最後實化，是「朕（同時包括寡頭與多頭）即國家」的國家，這也即是權力體系的代表人和權力運作的領導中心，因此常會由「國家代表」觀念幻為「國家」觀念；這種國家觀念的中心，可以謂之「皇統」。

這些國家意義的層次，分別構成各種愛國觀念的基礎。

哲學與美國文化精神

哲學是探究宇宙人生各種基本原理之學，換句話說，亦即關乎人的「知」和「行」、關乎人自「格物窮理」以至「安身立命」的各種重大道理之學；因此在理論上，哲學關涉的內容應是地負海涵無所不包的，哲學企圖建立的道理也應是放諸四海而皆準、行諸百世而不惑的——哲學應該屬於全人類乃至全體有生之倫，而不囿於任何獨特的時代、民族和社會。不過，正是基於哲學這種企求無所不包的普遍性，及其對於現實人生的貫透性，不同的時代、民族和社會，本着它的獨特歷史和環境，本着它的有其獨特內容或重點的「全經驗」，其孕生的哲學遂往往不免呈現獨特色彩，從而使其學術文化乃至世態人情，也全會因了這一種獨特色彩之薰染而展露某些殊異的風格。因此，特殊時代與特殊社群常會有其特殊的哲學；對於一個特殊文化的全面深入的了解，即必須基於對其具有個性的哲學的了解。

上述這些意思，筆者認為已足說明《今日世界》社新刊《美國哲學選集》一書的重要性——美國不僅是今日自由世界的領導國家，同時更是二十世紀人類自經濟活動以至科學努力諸多文化方面的樞紐國家，這一國家在整個人類社會中乃是有其凸出的個性的；生活在今日世界特別今日自由世界之中的我們，對於這一重要國家的獨特個性必須有所了解；因此，對於這一國家在精神生活各方面所隱隱朝宗的哲學思想之殊異風格，自也就必須有所了解；這裏，就中國人而言，《美國哲學選集》這本書，不僅是全面介紹美國哲學的第一本中文出版物，同時更是由中國學者自行編選給中國人看而並非僅屬翻譯的一本具見匠心的製作，因而其獨特的價值自是不言可喻。

如所周知，美國哲學的主流為實效主義，美國哲學的今日重心為邏輯經驗論，美國哲學在西方現代哲學史上最受行家尊重的豪傑人物為較早的樂伊士（Josiah Royce, 1855-1916）、繼起的桑他耶那（George Santayana, 1863-1952）及在學界評價最高的懷黑德（Alfred North Whitehead, 1861-1947）；而剛剛故世的本書編者陳伯莊先生，正是近年來在實效主義思想上用功最勤、同時在邏輯經驗論上亦復浸漬甚深的思想工作者。本書邏輯經驗論部分的譯者殷海光先生，正是對邏輯經驗論寢饋多年亦復倡導多年的名家。本書樂伊士和懷黑德部分的譯者謝幼偉先生，則不僅是曾對樂伊士著作有過專門譯述的學人，同時還正是懷黑德的及門弟子，因此，僅就本書序中所提參與編譯工作的陣容而言，本書的分量已可概見了。

當然，要在本書這一不及三十萬字的篇幅中，對整個美國哲學從事明晰賅要的介紹，其間獻替裁擇的工作自是大費周章的。首先，在哲學家和哲學派別上，經哲學史眼光所許為建樹最高者，未必即是對一般社會最具影響力因而最足代表美國精神者；其次，在各家作品上，最足表現各家精彩的深入的篇章，又往往未必即是最能展示各家輪廓的泛論文字；因此，面臨取捨之時，各種性質的割愛乃是絕對無從避免的。這裏，在本書之中，我們不能不佩服編者在這一無從避免的割愛工作中燦現的匠心：本書按照美國哲學發展的歷史，分為「哲學概論、唯心論、實效論、實在論、懷黑德哲學、邏輯經驗論」六部；第一部「概論」即用杜威（John Dewey, 1859-1952）、詹姆士（William James, 1842-1910）、米德（George Herbert Mead, 1863-1931）這三位實效主義者的三篇文章，大致鈎出了植根美國文化泥土中的獨特哲學精神；第二部「唯心論」僅選愛默森（Ralph Waldo Emerson, 1803-1882）、樂伊士（Josiah Royce, 1855-1916）和佛流惠令（Ralph Tyler Flewelling, 1871-1960）三文；第五部「懷黑德哲學」僅選一文。由於這些思想雖卓越卻並非美國的代表思想，所以所選亦是思辨意義較深、內容問題較專的作品；第三部「實效論」選錄的裴士、詹姆士和杜威，以及第四部「實在論」選錄的蒙太鳩（William Pepperell Montague, 1873-1953）和桑他耶那，由於大都適為美國精神的表徵，因此所選分量特多，內容亦以諸家的泛論導論文字及其專著的序言引言為主；至於第六部「邏輯經驗論」選錄的法蘭克（Frank, 1884-1951）、卡納普（Rudolf Carnap, 1881-1970）、萊申巴赫

（Hans Reichenbach, 1891-1953）、罕波爾（carl Hempel, 1905-1977）、裴格爾、內格爾（Thomas Nagel, 1901-1985）、莫利士（Charles William Morris, 1903-1979）諸家，由於這些學人今日大都仍然健在，這一學派的說法至今仍在多方評價之中，因此編者幾乎全請這些思想家自行選錄，以求獲得可靠的範作——全書編選工作即此可知實是煞費苦心的。

寫到這裏，本書的介紹工作應已告一段落——對於這樣一本集美國哲學五大學派十七思想家於一堂的學術文集，這樣一本原由風格不同的哲人們精心寫成、再由譯筆互殊的學者們的認真譯出的思想著作，更具體的介紹與局部的引錄全會是掛一漏萬，既不可能也不必要的。有志親嚐美國哲學的讀者們，根據自己的興趣、需要和對哲學文字之深淺不同的了解度，自會在本書中分別獲得各自的滿足，毋需筆者代庖了。

黑格爾哲學淺說

前言

黑格爾是名滿天下的大哲學家，近一個半世紀以來，舉世知識分子大概沒有不知道黑格爾這個名字的。不過，核實而言，我相信絕大多數人所知的「黑格爾」，大概僅止於「辯証法」一詞，而「辯証法」也者，往往又僅止於「事物皆在矛盾發展的變化之中」這一粗略了解，頂多再加上馬克斯所謂「社會發展」或曰「唯物史觀」亦即「階級鬥爭史觀」之類政治膏藥而已。事實上，「矛盾發展」這一說法用在自然現象上即已錯漏百出，而馬克斯者流所謂「社會發展」之專以「階級鬥爭」亦即人類經濟生活中某一個偏頗現象為綱幾乎一切文化發展的主要內容，其牽強荒謬固不待言，其與黑格爾那種廣涉人類文化一切部門的「精神發展」之相悖，尤不可以道里計。因此，世人心目中的「黑格爾」一名，其實與真正的黑格爾幾乎是不相搭掛的。本文即擬對「黑格爾哲學」作一概略式的鈎勒，藉供一般了解之助，希望或可引起有志哲學研究者對於黑格爾哲學之真正親炙的興趣。

一、黑格爾的哲學野心

一般哲學思考的目的，在求能對若干事理，獲得某種比常識了解為更見深入廣闊的了解；較此更甚的，古今中外大哲學家之哲學思考的目的，乃是在求能對「世間一切已知事理」作一全面深入的反省，以期獲得某種「萬事萬理莫不豁然貫通」的絕對廣闊絕對圓融的了解，而黑格爾哲學的目的，當然即在此處——黑格爾哲學之有其體大思精、前無古人的成就，以至其疵漏之多與錯失之鉅，可說都是由於此一無上野心而來的。

就普通觀點而論，企圖以一人之力而可「貫通萬事萬理，使之悉歸圓融統一」的這種野心恐怕只能謂為夸父追日的奇想，然而黑格爾卻的確具有此種足資發展曠世奇想的無比優越的條件。黑格爾不僅好學深思，而且於學幾乎無所不窺，當日歐洲文化所擁有的種種社會科學自然科學基本知識，黑格爾在青年時期即已幾乎莫不瞭然；在此之外，他又認真把握了對歐洲哲學史上諸大師的透闢了解，再加上對近代哲學之父的康德哲學精髓的充份消化，終於使他自覺可以把「人間全部知識」共冶一爐，從而他乃有此一震古鑠今的偉大哲學體系的建立、並充滿自信地把他晚年在大學的哲學講義逕自命名的「哲學全書」，自詡為這便是「科學體系」，甚至即已可謂之「絕對知識」。

二、黑格爾哲學的原始基據

然則黑格爾這一「科學體系」，或者說這一「絕對知識」，究竟又是些什麼東西呢？

此話說來話長，必須留到最後再說，此處且先擱下，我願先行指出黑格爾整套哲學思路之我所理解的來源。我相信，黑格爾哲學思考的原始基據，大概即是他對於哲學史、科學史與人類文化史的種種「歷史了解」。

黑格爾顯然看到：人的一切知識學問，全是由粗到精、由蒙昧到清明的，人的社會組織，社會生活，全是由簡單到複雜、由鬆懈到嚴密的，而每一個人的自精神意識到生活行為，亦莫不全是由粗陋單純而日趨細緻繁複的……如此這般，他遂大可作出下列這種思想貫串：生命正是由低至高，由簡而繁地在「不斷發展升進」的一種歷程——先是單細胞生物，然後多細胞生物，而各級複雜生物，而高級生物，然後是靈長類，是人，然後是人的社會生活與人之文化的逐層向上，然後是各種具體學問、抽象學問（包括藝術、道德、宗教等）以至最抽象的哲學之出現，然後是各種學問之隨時日以俱進；這樣，自原始生命至人的最高級的文化，在黑格爾了解中遂都莫不可以一以貫之，由頭到尾視為某種「連續上升的心智發展」。

三、黑格爾哲學之「唯心化」

到了這裏，黑格爾思路便可接上康德哲學了。康德哲學由知識論開始，把日月星辰、山河大地、衣冠文物、往古來今等種種的「宇宙萬有」莫不化解為人之主觀了解（直觀、感覺、知覺、理性）所對的「現象」，曰「宇宙即在吾心」，而「現象」背後的「本體」，乃是人所不可知的；如是，人所能知的「本體」，康德遂只能在對於人之道德意識的反思中，歸結為即是「人之道德主體」本身，因為這正是獨立自在，更無其他基據，而且不歸因果律管轄的，黑格爾乃極可能拍案而起，曰：有了，「人之道德主體」豈不便是「精神」？人之「直觀、感覺、知覺、理性」豈不也通通都是「精神」？於是，「宇宙萬有」悉在「精神」之中，悉是「精神」之由近至遠、由晦至明的展現，而「本體」也者，又適在人之「道德主體」亦即「高級精神」之內，是則唯見主體別無現象，現象之展開即是主體之展開，從而又還有什麼「不可知」可說？這樣一來，「宇宙」即是「精神」，「精神」遂正是由無生物（山河大地）而生物、由生物而高級生物以至社會動物文化動物這一連串「升進發展」背後的本相，「宇宙萬有」莫不正是「精神」之自我實現——個別生物以至個別的人的「精神」，無非這一涵蓋萬有的「宇宙精神」在其實現過程中之某一階段呈現而已；人的意識即在「宇宙精神」之中，是「宇宙精神」的局部表現而非即「宇宙精神」自身，從而「宇宙精神」乃有其「客觀實在」性。如是，黑格爾遂建立起了他的「客觀唯心論」。

四、黑格爾哲學之「辯証化」

然而，「精神」既是「本體」而又在「發展」，這種「發展」當然不會是由任何外力推動的（因為，如果承認尚有「外力推動」，則被推動者即不可能謂之獨立自在的「本體」），黑格爾至是遂不得不為此一「精神」設想出某種「自我推動」之力。這裏，由於人之意識本身確有種種「既矛盾而又合為一體」的現象，黑格爾又是生來便對現實生活中種種「對立統一」情況深有興趣的，同時，他對西方哲學史的熟悉亦使他熟知史上諸家的種種「矛盾思辨」說法，於是，黑格爾乃建立了他的「辯証法」，由「主體異化，對立，否定，再否定」這一連續過程，形成「主體之自我運動」，而且是「由簡而繁、由低至高的有目的的自我升進運動」，作為其「精神升進」之唯一動力。

五、黑格爾哲學之「歷史化」與「心理主義化」

於是，到達上述了解之後，黑格爾剩下的工作，便是要把他的一切知識通通化為「精神發展」，要把人類文化的各方面、各層次、各階段通通納入上述「對立統一，發展上升」的歷程，他遂不能不動用他的全部歷史知識來從事種種剪接拼湊，並將他的豐富的心理學知識大量使用出來，作為形形色色的「對立統一發展」之黏貼工具與藻繪材料——這便是「黑格爾哲學」的全部內容：由「意識」（一般茫昧意識）而

「自我意識」(主體意識)而理性(客觀主體意識)而精神(社會意識、民族意識、時代精神之類群體意識)而絕對精神(最高哲學意識),宇宙萬有悉在此一「對立統一發展」的無盡長流無窮涵攝之中,「絕對知識」至是即已到達,「哲學」使命至是即已圓滿實現。

這些便是黑格爾代表著作《精神現象學》與《邏輯學》中的主要內容。

六、黑格爾哲學之得失

然則「哲學使命」是否至此即已真正「圓滿實現」了呢?

必須承認,以「體大思精,富於洞見」而言,黑格爾哲學堪稱是前無古人的,人類今後的偉大智慧;必須自黑格爾哲學吸收若干重大取資亦正屬一項無可置疑之事。然而,黑格爾哲學的漏洞疵病之多,率強比附之烈,在眾多哲學家中亦正是彰彰明甚的,是以黑格爾哲學在嚴格思想尺度下,遂絕非如他所自許那樣地,可以直接説為即是人間的「承後真理」。

此處當然不能對黑格爾哲學的疵病真正從事批評。我只擬簡單指出：在西方最早全面介紹黑格爾哲學的海謀，一八五七年在其《黑格爾及其時代》一書中，即已對黑格爾作了許多適切的批判，其中最有力者，即是指出黑氏在歷史學與心理學二者之間那些個嚴重的混淆擾亂，以此害彼的現象。

此外，那怕後來的「新黑格爾學派」諸家，亦大都不太理會其牽強萬狀的所謂「辯証法」，至於如今日西德之新黑格爾主義哲學家希林者，乾脆即說「（黑格爾的）精神現象學只是某種預備性的東西，它的矛盾只包含一種接近於（現象學派宗師）胡塞爾意義的對於精神的直觀本質」，乾脆已表現出某種「回歸康德」的傾向了。

註：黑格爾主要哲學著作《精神現象學》、《小邏輯》（「哲學全書中「邏輯學」部分）及《哲學史講演集》，本文筆者業師賀自昭（麟）先生皆有直接自德文原著譯出之中文譯本，由大陸商務印書館出版，譯筆翔實精審，是以價值不遜原書，可以逕行採以研讀。

從康德到現代哲學

前識

一九四七年秋至四八年春，我在國立北京大學哲學系肄業，選有賀自昭（麟）先生「現代哲學」一科，上課作筆記頗見勤懇，因此全課授畢後，得以特蒙自昭師青睞，囑將所作筆記重行潤色整理，再呈自昭師核閱改正後，備供正式著作出版之用。這一份經過我細意整理謄清的筆記，終於在四八年初冬完稿呈交，而北平亦瞬即變成圍城，迅換新主，自昭師的一切著作出版計劃遂都不能不全部擱置了。然後，我在四九年十二月離去北平南逃香港，自是即與自昭師完全隔絕。如是者三十四年，待到八四年秋，自昭師應香港中文大學新亞書院之聘，南來香港短期講學，我這纔得因中文大學哲學系主任劉述先先生的通知，前往中文大學賓館拜謁自昭師與續絃師母，得悉別後種切，我纔知道當年我替自昭師仔細整理過的這部筆記，「此後三十餘年，我（昭師自稱）一直保存在匣笥中沒有散失」，現在，即將逕以自昭師的「現代西方哲學講演集」名義，由上海人民出版社作為專著出版了。對我說來，這當然是一個宛如失寶重獲的大好消息。待到自昭師講學完畢歸去後又一年，我終於得以手捧這冊給自昭師厚許為「這裏面有君一番心血」的新出版講演集了。

這本《現代西方哲學講演集》，當然是自昭師本人的著作，不過，由於自昭師特囑我整理成冊之故，實亦無異代表了當年自昭師對我的哲學研究工作的期許。是以手捧此書，百感交集，我覺得實在應該另著一篇短文，特別論述我在當時而後，這三十幾年內所逐漸累積的對於西方現代哲學大要的粗略了解，藉為呈交自昭師的另一份嶄新的讀書報告。這便是本文的緣起。

本文脈絡與自昭師當年所授不全相同，本文內容所提及的純經驗主義、現象學派、存在主義與邏輯實証論等，亦皆自昭師昔年隨堂講授之所節略者；不過，踵事增華，循階而升、該屬自昭師之所能欣然許可，而我亦當然深切盼望能夠續獲自昭師對我的批閱指正。

一、康德哲學的樞紐意義

在西方哲學史上，康德大概是無可否認的承先啟後的第一大師。就承先說，西方近世哲學的兩大支，歐洲大陸理性主義的笛卡爾、斯賓諾莎、萊布尼茲三家，以及與之分流並峙的英國經驗主義的洛克、巴克萊、休謨諸人，各各的主要哲學問題，都必須直接導向康德哲學系統，融攝而入更見精細深廣的處理。就啟後說，康德而後的西方一切大小哲學學派，亦莫不皆屬對於康德哲學的某種回應：這或者是從正面去繼承康德之說，僅對其中特為自己感到興趣的某種理論去大加發揮或「改造」，不然的話，亦必是從反面去企圖「擺脫康德」（按：這還談不上是什麼「否定康德」），特就康德說法中某些深為自己所不喜之點來另行立說，是以其所立之說，仍然不能洗除「受到康德哲學刺激」的痕跡——當然，除此之外，康德以後的哲學界還有許許多多「小派」，諸如「馬克斯主義」之類；不過這些「小派」，幾乎全部皆可以其他較大學派的「支與流裔」目之，而是毋需加以特殊審視的。

因此，對於西方現代哲學諸學派，如果不是僅像圖書館工作人員那樣地，只顧去作某種「人名書名的機械排列」，而確是希望能從「思想理路」出發，對各家所說加以適切把握的話，則先對康德哲學的大綱節目作一概略的了解，自是絕對有其必要。

二、康德哲學的基本內容

康德哲學的基本內容，可以康德那三部主要著作的核心思想作為代表：（一）、《純理論衡》（*Kritik der reinen Vernunft*，英譯 *Critique of Pure Reason*，通譯《純粹理性批判》，此從業師賀自昭（麟）先生夙譯，下同）：這是康德哲學知識論所在，其大旨為：人的認知理性，僅能根據先天具有的種種形式和條件，亦即時空範疇等等去「認識」亦即組織人之諸感覺所能予人的「感官與料」，使成「知覺」，這便是科學知識所對的各種「客觀現象」，至於在「客觀現象」背後作為「客觀現象之存在基因」的所謂「物如」(Ding on sich-Thing-in-itself)）或曰「本體」，則是在「人之認知能力的彼岸」，是「不可知」的，勉強要去「強不可知以為知」的話，所得一切結論，皆只可表現為各色荒誕。

（二）、《行理論衡》((*Kritik der practischen Vernunft*, *Critique of Practical Reason*，通譯《實踐理性批判》）：這是康德倫理學而亦即其本體論所在，其人旨為：人在「客觀認知」以外，尚有種種主觀的感情意志，這些「憧憧往來」的感情意志，皆為「我的感情意志」，皆必歸總為一個「統一的自我」，因此，在這些個七情六慾的遷流變滅等等表面矛盾中，必有某一超越此諸矛盾的「最高統一體」在，這便是人的「道德主體所顯現的理性」，亦即宰制人之一切行為而使其皆歸乎「自我統一」

的「理性」，是謂「實踐理性」；由於這種「實踐理性」所面對的「自我」，乃是超乎一切「客觀現象」而巍然實存，不受認和理性所用那一「因果範疇」的約束，而純然是自由自在、自証自知的，因此，這一「自我」及其所表現的「理性」，即是超乎現象的「本體」，起碼也是「本體」之部分呈現。如是的結論遂是：「人生的意義」即在「返証本體」，因此，即在「嚴格實踐道德規律，以求得真實自我之完成」——按康德在這一部分學說內的許多說法，都與儒家孔孟思想遙相契合，宛若用不同語言所表達的同一思想然者，茲不贅。

（三）、《品鑒論衡》（*Kritik der Urteilskraft*，*Critique of Judgment*，通譯《判斷力批判》）：這是康德美學所在，但實際上實可視為康德的某種「形而上學初探」，其大旨為：人之認知理性僅能接觸「現象」，而作為「本體」表現的乃是人之實踐理性，這「兩種理性」顯然並非一事，其上顯應更有某種「更高理性」在，康德認為如能把握此一「更高理性」，即為「哲學之完成」。然而，康德本人自覺無從對此再事探索，所勉強探索到的僅是：在藝術欣賞中，人所運用的乃是「認知理性」，而人所獲得的美感，卻是「自然而然地合乎人之目的所要求者」，亦即「合乎實踐理性所要求者」，因此，康德認為人所用以從事美感欣賞的那一「品鑒活動」，正可視為兩種理性之間的一道「橋梁」，亦即正可視為「現象與本體之間」的一道橋梁，因此，對於美感欣賞作用的研究，事實上乃是康德哲學擬再追求某種更高統合的「起步」，它是同時涉及「現象與本體」問題的，僅在研究所得之中，自然形成了一整套體系燦爛的「美學」而已。

三、康德哲學之主流發展——後康德學派

本着上述對康德哲學體的系概了解，我們即可自然獲得對於西方現代哲學諸學派之源流、畛域及其性質分殊所在的大致認識。

首先，是正面繼承康德哲學所說種種，而特就其中一端加以發皇的各大正統學派，是即所謂「後康德學派」：

（一）、菲希德學派：主要在發揮康德的「道德意志本體」說，以道德主體涵攝一切，從而建立所謂「大我主義」。

（二）、謝林學派：主要在發揮康德的「藝術欣賞貫通現象本體」說，以藝術欣賞涵攝一切，從而建立所謂「泛藝術主義」。

（三）、黑格爾學派：主要在發揮康德的「理性統攝宇宙萬有」說，以「理性」為自現象至本體之一貫的總歸，從而建立其「超越邏輯主義」或曰「泛理性主義」。

四、康德哲學之再出發——新康德學派與純粹經驗論及現象論

然而，由於「後康德學派」諸家所重者，皆為要「參透現象與本體之關係」這一問題，到後來自不免表現得「玄之又玄」，彷彿是「遠離常識」，不僅為大眾所不易接受，抑亦往往越出康德本來的各種穩健平實範限；因此，諸家之說其後自然激起某種「復尊康德本來」的反應，形成「回歸康德」的這一口號，要以康德的「只知客觀

現象確實可靠，不問背後本體為何」這一基本立場來處理科學方法，哲學史及文化科學這些方面的問題，從而建立了以朗格、科恩、文德爾班等人為代表的「新康德學派」。

此外，由於特別強調「人之認知理性僅能把握現象，而不能透見本體」這一論點，又另外出現了兩個「特別重視現象本身」，從而與「新康德學派」比較接近，但其論點主旨卻端在建立其獨特宇宙觀而非用諸學術致用的學派，是即主張「純粹經驗論」的馬赫學派，與主張「現象論」的胡塞爾學派。

五、康德哲學之畸變與反發

其次，便是與「繼承康德哲學理論」相違而興起的種種殊家異說，其實這些「殊異學說」仍然可說是承受了康德某些說法之刺激而生的。

這些殊異學說，大致可說全是康德「認知理性僅能把握現象，不能參透本體，本體的把握必須返觀自証」這一學說之旁支、反向與純否定的發展。

（一）旁支發展——叔本華、柏格森與存在主義諸說

第一種可以謂為「旁支」的發展，其主要出發點是：「既然認知理性僅能把握現象而不及本體」，則本體把握即必須求諸「非理性的返觀自証」；如是，即將康德「實踐理性」之義一腳踢開，而專事去追求各種「超理性按實即『反理性』的証悟本體之通」，從而構成了現代哲學中有關「觀照」「直覺」「頓悟」等等的大量玄談，其犖犖大者為：叔本華的「盲目意志」說，尼采的「權力意志」說，柏格森的「生機健動」說，與在二十世紀中期盛極一時，鄙理性而崇本能，以海德格、雅斯培、沙特等人為代表的「存在主義」。

（二）反向發展——新實在論、實用主義與批判實在論

第二種可以稱為「反向」的發展，其主要出發點是：「雖然認知理性僅能把握現象而不及本體」，但因「現象背後必須假定其實有本體，以為諸現象之超越人類經驗的本然原因」，是以「現象背後，實有某種恰如其所現之象的本體這一點，乃是人類

可以相信的」；如是，康德的「實踐本體論」固被撇開，康德的「本體不可認知」的知識論亦被還原為類如昔年英國經驗主義乃至霍布士式唯物主義的淺薄知識論，從而構成了現代哲學中許許多多接近平凡人常識的說法，其犖犖大者為：以摩爾、柏雷等人為代表的「新實在論」，以詹穆士、杜威為代表的「實用主義」，此外，比較最能表現哲學思考深度，而實則頗與謝林哲學近似的，尚有以桑特耶納為最大代表，主張「良信」(Animal Faith)的「批判實在論」。

(三) 摧毀性發展——邏輯實証論

第三種可以稱為「純否定」的發展，其主要出發點是：「既然認知理性所把握的只是現象，人就只用理性去把握現象，不理什麼本體好了。」——此說似與「現象論」近似，實則其所謂「理性」乃是「邏輯」，而其「邏輯」乃是不自「思想三律」出發的「傳統邏輯」，而為另行新造，僅屬某種「符號規範遊戲」的「數理邏輯」，再說清楚些，其「邏輯」實是一大堆容許自相矛盾的假推理，因而在實質上根本便是「反理性」的；此外，此說既「反理性」而又「反返觀直証」，要將一切主張「返觀直証」之說通通斥為「（表達主觀情景的）詩」亦即「哲學家的瞎想胡扯」；如是，一切哲學問題遂幾乎通通給此派掃數否定搗光，而不能不悉歸於常識「科學」之說。這一學派，即是以維也納學派之維根斯坦為先驅，以當代有名的「懷疑主義者」羅素為大將的所謂「邏輯實証論」，今世提倡「數理邏輯」亦卻「符號邏輯」者流，諸如卡納普、蒯因等人通通都在此派之列。

六、後康德學派之再傳新張——關於新黑格爾學派等

上述種種可以視為即是西方現代哲學的鳥瞰大綱。除此而外，費希德、謝林、叔本華諸大家皆自有其「新派」傳人，而黑格爾學派的傳人更是漪歟盛哉，可以再粗分為「右、中、左」三派，而其下尚可更細分為各種小派，此外且有許多本身即可卓然成家的「新黑格爾學派」，包括大家熟知的格林，布萊德雷、華萊士、凱爾德

兄弟、魯一士、康寧漢、克羅齊等人，皆對黑格爾學說某些部分有所闡發創新，茲不見述。

一九八四年除夕

理學非孔孟之道

——方東美先生《新儒家哲學十八講》讀後

一、宋儒思想內容的真正根據

在我了解之中，宋明理學大可稱為中國學術史上的一大怪胎。現在，姑且撇開與禪宗具有千絲萬縷關係的陸王之學，及一般影響不大的浙東學派不談，特就宋代理學重鎮來說，大家習稱的是濂、洛、關、閩四派，尤重（洛）程（閩）朱學派；朱子受二程之傳，二程子與（濂）周濂溪、（關）張橫渠再加邵康節為「北宋五子」以周濂溪為之首。在此諸人中，後世嘗推尊程朱為與孔孟「異代同堂」，而朱則推尊周之

《太極圖說》為「孔孟以來所未有」，程亦推尊張之《西銘》為「孟子以後所未曾有」，各各幾乎都自許其學為「堯舜禹湯文武周公」以至孔孟的「往聖絕學」亦即「道統」之當然繼承者，乃至衍為今日若干自熊十力氏而下標榜理學的學者之隱然即以「先聖道統」自命；凡此種種，都予人一種印象；理學，正是以孔孟為代表的上古華夏儒學之紹續。然而，任何一個稍有學術良心者，隨時都會感到周張程朱之言，往往與大家習知的《論語》、《孟子》說法扞格不入，然則所謂「道統」究屬何義，「孔孟程朱」又究竟具有何種關係呢？

我認為方東美先生的《新儒家哲學十八講》（以下簡稱《新儒家》）一書，在這一問題上已可大致予人適切的解答：理學之為理學，主要講的乃是「無極、太極、陰陽、五行、乾坤、萬物化生」，以至「天人、道器、性命、理氣、澄心、無欲、尊德性、道問學」這些物事，換言之，主要講的是現實人事之外的玄學，或曰有關本體論宇宙論的種種形上學說法？這在《論語》、《孟子》二書，以及確屬古典真籍的五經之中，除卻極少量的片言隻語而外，可說都是毫無搭掛的，因此，理學的內容嚴格說來，其實正是孔孟學說了不相干的，然則何以這群理學家竟都居之不疑地自詡其說乃紹續孔孟「道統」的呢？

此中原因大率如次：

一、這些理學家學說的真正歷史來源，一方面是《易傳》（易十翼）、《小戴禮記中庸篇》再加《尚書》〈洪範篇〉乃至漢代的「緯書」（如《易緯乾鑿度》），理學家認為這些東西全是孔子或子思的著作，要不即是「武王遺書」；另一方面則是漢魏而後道家乃至道教的說法，因為都托附《周易》，而且孔子嘗「問禮於老子」亦即嘗師事老子，因此理學家都可拿來含混地置諸孔子名下；再一方面則是禪宗的若干話頭，理學家可能亦暗中採取了魏王弼那種「聖人體無，而無又不可訓，故恆言有」的想當然耳原則，視之為「孔門不傳之祕」（按：熊十力氏在其《新唯識論》中，即將本屬佛家的許多主張謂為孔子學說，而對詰難之為「毫無根據」者夷然答曰：「孔子不明說，當是怕人當做光景玩弄」「孔子祇是引而不發」云云）。

二、在真正孔孟說法上，這些理學家的天人心性之類形上學議論，亦的確可在

《孟子》中找到少數零星字句來強為比附，故即誇大之曰上承孟子之傳。

三、在生活修養上，這些理學家又喜歡標榜「尋孔顏樂處」「表現聖者氣象」之類，自以為人生實踐功夫正屬遠紹仲尼風範，從而更自我陶醉其學為「聖學」。

二、宋學真正歷史根源絕非孔孟之學

（一）、《易傳》為宋學之源

按照方先生《新儒家》一書的縷細說明，理學家北宋五子之學的第一學統源頭乃是《易傳》。

首先，周濂溪主要兩本書，第一即為《太極圖說》。此書本出道教之傳，其圖襲自道藏中之《上方大洞其元妙經品》，遠承漢道家河上公《無極圖》與漢道士魏伯陽《周易參同契》之說，自經宋胡五峰、張南軒至清毛西河、李塨、黃宗羲等一再考證後，久為定論；是則周氏此圖，本出道教，但周氏之說，則是將道教原圖的「鍊神還虛，取坎填離，五氣朝元，鍊精化氣鍊氣化神，元牝之門」諸詞，分別改為「無極，太極，陽動陰静，五行各一性，乾道成男坤道成女，萬物化生」這些個得自《易傳》「五行」則來自《尚書》《洪範》的名字，可知周氏此書根本思想，仍屬自《易傳》出。《太極圖說》之外，周氏第二部書《通書》本名《易通》，即直接談易者，其為易學更無疑義。

周氏之後的邵康節，主要僅有《皇極經世》一書，其為出自陰陽家方士之說的「術數易」，無待深論。再後，張橫渠《正蒙》之精髓，特受二程子推崇之《西銘》，一開篇即是「乾稱父，坤稱母」，其著作之始即為「易說」，亦可知其學本從《易傳》來。更再後，程明道伊川二人，俱以周濂溪為師，以邵康節為友，又為張橫渠之表姪，對張氏極盡推崇，是則二程之學實同出自周邵張三氏所共出之《易傳》，殆亦無需在二程零星著作中再去詳為考釋。

（二）、《易》非孔孟之教

然則《易》及《易傳》又是否因其自漢以來久已列入五經之中，即可視為「孔孟之學」呢？

簡單說來，《易》本周人所著卜筮之書（按：朱子即逕謂《易》為卜筮之書，但朱子盛讚周濂溪《太極圖說》幾乎超過孔孟，則應是棄經取傳之意）專講卜筮的《易經》本文應成於孔子之前，《論語》亦有「子曰：加我數年，五十以學易，可以無大過矣。」之說，此外《史記》〈孔子世家〉更有「孔子讀易，韋編三絕」之辭，彷彿孔子真與《易》有深切關係似的。然而細思詳考之下，我們可以說：〈孔子世家〉之言固不足信（詳本段末按語），「五十以學易」一語亦有考據者謂為「五十以學，亦」之訛，縱使「易」字非訛，文義亦無非指的孔子「有意到了五十歲纔去學，而目前尚無暇（故曰『加我數年』）」之意，至孔子以後是否真正去研究過，則在可信的《論語》、《孟子》二書中，乃是毫無佐證的。若就確有根據的孔子態度而論「子病，子路請禱，子曰：丘之禱久矣。」「獲罪於天，無所禱也。」可知孔子連祈禱尚且不願，何況卜筮？卜筮乃巫者所為，而孔子曰：「南人（按指當時文化低下者）有言曰：人而無恆，不可以作巫醫。」其鄙視「巫」之情溢於言表，則其對卜筮之態度可知。至於《孟子》，七篇中更無一語及《易》，是則《易》之入於五經，應是漢人所為，實與孔孟無關者。（按：方先生採傳統說法，謂孔子傳易於商瞿，輾轉相傳於漢初之齊人田何，八傳至武帝時的楊何，而太史公司馬談受易於楊何云云，語出史遷，應屬可信，實則千古第一謗孔之說「孔子誅少正卯」，即堂堂載諸《史記》〈孔子世家〉，此既決為誣偽之傳，則「傳易」云云自亦僅可視為漢人之無根據說，苟另無有力證據，當僅合與同書之「孔子讀易，韋編三絕」之屬並為一類，祇宜以漢初經生者流傳說視之。）

（三）、《易傳》乃秦漢之書

再看「彖，象，文言，繫辭，序卦」這所謂「十翼」的《易傳》，那就的而且確，實在祇能視為秦漢之際儒家後學之所為，早經宋歐陽修《易童子問》、清崔東壁《洙泗考信錄》及近人顧頡剛《古史辨》等書詳為考正，判其為絕非孔孟時代之書的了。

（四）、孔孟之學不離人倫日用

就理論說，孔子口中之「天」，乃是「天何言哉？四時行焉，百物生焉。」及「天之未喪斯文也」「天喪予」之類自然之天或按深心宗教情操而暫時假定的某種人格之天，孔子所謂道，乃是孔子自承尚未觸及的「絕對真理」，故曰：「志於道」「朝聞道，夕死可矣。」孔子之對於命，乃是「子罕言命」，是以《論語》中所言者，盡屬人倫日用兵農政事之辭，與宇宙論形上學中的「性命天道」那一套堪稱風馬牛不相及。

再看孟子，《孟子》書中固有「浩然之氣以直養而無害，則塞乎天地之間」「聖而不可知之之謂神」「夫君子所過者化，所存者神，上下與天地同流」「萬物皆備於我矣，反身而試，樂莫大焉」「盡其心者，知其性也，知其性即知天矣」這少量章句，可以與《易傳》《中庸》之說勉相附合，但不可不知，這些話都是一點即止，不再作任何發揮，在《孟子》七章中所佔分量極少的（我相信這些都是孟子養氣到已入宗教境界後，本其證悟偶然流出的少量神祕語言，以其「不可說」，是以只能點到即止，而無法像宋明儒那樣地僅憑情見想像去大談特談）。《孟子》真正仔細在說的，乃是「道性善，言必稱堯舜」（注重人事），「闢楊墨」「好辯」（注重清晰理論），以至（答人謂王覸於夫子果有以異於人丁一語曰）「何以異於人哉？堯舜亦猶人耳。」（注重現實人生），甚至就在前面所引語之後，亦照樣有「其為氣也，配義與道，無是餒也」「強恕而行，求仁莫近焉」「存其心，養其性，所以事天也；夭壽不貳，修身以俟之，所以立命也」這些著重現實人生修養的話，凡此種種，亦全是與宋儒那套形上學與趣南轅北轍的。

（五）、《易傳》應自陰陽家、道家、雜家出

最後，再就「易之傳授」的軌跡說，如方先生各書中所一再指出者，有齊學，有楚學，前者早已雜上陰陽家、神仙家、方士之言，後者亦羼入了戰國末期道家（老氏）之論，再經秦漢之際雜家之手，始成為後世各派易學之本，而陰陽家道家者流

固與孔子了不相謀，亦與孟子格格不入——孟子遊齊時，正逢「稷下先生」盛日，騶衍即在其中，而孟子每與此中人力辯，其距楊墨之「楊朱」，蓋亦極似同時音近之「莊周」，是則孟子與陰陽家道家判然有別，亦無待多言者。

（按：我甚懷疑《易傳》實出雜家之手，而以陰陽家思想為主幹者。《易傳》自形上學之天道逕直講及人生修養問題，而《史記》〈孟荀列傳〉述騶衍曰：「深觀陰陽消息，而作怪迂之變，終始大聖之篇」「然其要歸必止乎仁義節儉，君臣上下六親之施」，此一理論序列即與本自《易傳》之宋儒表現極相神似，不寧唯是，「王公大臣初見其術，懼然顧化，其後不能行之」，則騶衍的道德主張之嚴刻難為，與宋儒深納周文之犬儒式主張，蓋尤相神似者。）

（六）、關於《中庸》與《洪範》

《易傳》而外，宋儒思想來源之另一重心《中庸》，本出《禮記》即《小戴禮記》。按《小戴禮記》自《漢書藝文志注》開始，即曰「七十子後學者所記也」，《隋書》〈經籍志〉亦謂其本為「漢初何間獻王得仲尼弟子及後學者所記一百三十一篇」，是則《禮記》本身出現甚晚，自昔即知本來源駁雜，而《中庸》一篇，且有大悖（子思）魯人習語之「載華嶽而不重」之言，甚且有絕非先秦人所知之「今天下車同軌，書同文，行同倫」之語，是故宋王柏即以其「文勢時有斷續，語脈時有交互」「恐子思子之文章，絕不如是之無原」，而顯其為《漢志》所載〈中庸說〉二篇與若干可能古語之淆亂，是則此一文獻思想局部或可與孔孟罕示人之第一義相通，但整篇而言，其與孔孟思想之真正關係亦大可議。

最後，宋儒因《太極圖說》引入「五行」觀念，致我多少牽涉「五行」一詞似屬首見之《尚書》〈洪範篇〉，且更因「洪範九疇」以五曰「建用皇極」，而漢儒又釋「皇極」為「大中」，從而得以攀附《中庸》之論，甚至可謂「五行」「皇極」之類形上觀念遠出周初箕子；但克實而言，〈洪範〉正是可疑之作，馮友蘭《中國哲學史》在「戰國時百家之學」涉及〈洪範〉處詮曰：「洪範為戰國時作品，說詳劉節先生之《洪範疏證》；原文見《東方雜誌》第二十五卷第二號。」我雖未克閱劉氏原文，但以馮書流行數十年而無人對此有所詰難，深信馮氏此言必非嚮壁虛構，因之亦絕不信〈洪範〉五行云云即為孔子所傳、孟子所「尤長於」之真正《尚書》之所出。此外如「緯書」等更是自噲而下了。

綜上所述，我深信宋儒思想之各種「經典根據」，絕對是與孔孟了不相涉的。

三、理學家「為學」「做人」兩悖孔孟之道

當然，一種學說，不論其與所標榜者如何不合，祇要它本身委實具有獨特價值，仍然是可以當做某種「新學」來接受的。不過，至少就我個人而言，我在少時稍一接觸理學家言，即有「此語若傷我者」的感覺；待到我日後漸通孔孟之旨，並已獲得來自西哲康德等人的知識論訓練與近代邏輯學者的語言分析訓練之後，我即痛感理學與孔孟之不相容，堅信祇要我們真正接納孔孟之道，就實在不能再談理學。我願在下面簡單的說明我的看法。

（一）、理學祇是「詩」，缺乏認知意義

首先，根據邏輯立場（按：我祇接受亞里士多德以來的「傳統邏輯」），任何一種理論，所用各種名詞必須具有其「清楚明白的定義」（這也是笛卡爾以下的西洋大哲公見），所謂推論必須符合各項邏輯推理的定律法則，而在這之上，更有一個絕不能無視的「充足理由律」：任何主張，都不可以游談無根，自說自話，而必須從「他人不能不接受的充足理由」開始。準此而論，我想真已可不必詞費——理學家，乃至理學家所據的秦漢儒者所作的《易傳》《中庸》《洪範》以及老莊禪門之言等等，其所用的各種基本概念，不論是「道德，陰陽，天人，性命，理氣，化育」還是別的什麼，統統是未經定義，亦不可能由讀者自其各種「上下文」中自行歸納出任何定義，因而全屬空無內容而僅有某種「情緒色彩」，使任何人都可自去任加想像任作附會的（是以維也納學派學者即謂此種玄學為並無認知意義的「詩」）。理學家或類似理學家者的各種命題，從而全都是天外飛來（不具任何理由，不能訴諸任何觀察佐證），

再任意發為各種跳躍式的「推理」，因而除卻「恰合某人情見」，遂得對此人有其吸引而外，對於其他的人統統是毫無說脫力的。如是，當要不免莊子所笑的「此亦一是非，被亦一是非，各是其所非，而非其所是，吾將誰與正？」式的學術混亂現象，以致方先生慨乎言之：「從北宋起，經南宋、明代，以迄於清之乾嘉時代，在這樣一個漫長的時期裹，有一個很怪異的現象，而兩宋諸儒尤其如此。就是都自稱為孔孟真傳，而不免互斥異端，彼此攻訐起來，絲毫不留餘地。比如說朱陸同異、程朱陸王之爭，同是儒學，皆宗孔孟，而自詡真傳，爭奪正統。這種情形，擾攘了好幾百年，而互有消長，依然是爭端未決。在這些『道學家』們的心中，都橫亙了一個根深柢固的觀念——得孔孟之真傳，而『代天地立心，為生民立命。』而以真理自許，豈得不對內爭正統，對外攻異端。於是闢楊墨、闢老莊、闢佛、闢禪，一切皆是異端邪說，而攻訐不留餘地。」以至於陽明學派學者自我攻擊，甚至王船山之逕斥陸王為佛老邪說（《新儒家》，頁二）。即此，已可知整個理學說法之莫衷一是，而大有問題了。

回過頭來再看孔孟，孔孟一切主張可說皆自現實人生經驗出發；孔子的志切人倫日用固不待言，即使已涉抽象理論的孟子，其論性善亦仍自「四端」「心之所同然」出發，亦即皆是自人人可以自為考察的「充足理由」出發，其與宋儒態度之形同枘鑿，自是不待多說。

（二）、理學家「廢學」——「束書不觀」，唯見「語錄」

上段乃就欲求建立思想理論那種嚴格治學立場說，現在退一萬步，僅就狹義的「治學」，亦即從「累積前人之言而整理之」的「章句訓詁之學」立場而言，宋明這群理學家的表現亦真堪令人扼腕。

首先，宋儒大率都自以為「得孔孟之真傳」，是則「得魚忘筌」，大可不必再搞什麼牢什子「學問」。如是，他們乃尊「德性之知」而鄙「見聞之知」，其「做學問」之道，便幾乎純是「靜坐觀心」，玄想天外，終乃形成顏習齋譏為「打諢猜拳」，近儒劉師培謂為「廢學」的一種「束書不觀」現象，而漢儒必守的「師法」「家法」精神，當然更是他們所不屑一顧的了——那怕最稱「格物致知」（亦即讀書求知）的朱子，在對周濂溪《太極圖說》的盲目吹捧上，亦都表現出了懶得真去了解學術傳承、歷史文獻，而祇顧閉目瞎說的那種自說自話態度，其餘那些但詡「德性之知」、要去「先立乎其大者」的人，自更不必說了。

其次，宋儒又大都不肯真正去著書立說（大概因為這樣即必須建立理論系統、講究結構照應、追求根據基礎，而大有礙其玄想神遊），宋儒彷彿認為「為天地立心，為生民立命，為往聖繼絕學，為萬世開太平」這種偉大思想工作，祇需像佛家打禪語一般地任意來個三言兩語，東說幾句，西說幾句，隨便扯扯，即可圓滿完成一般，從而遂有方先生所太息的「宋代道學家率多語錄而罕見大文章」，宋明學術祇能留下兩部話頭集錦式的「學案」的怪異現象（《新儒家》，頁三二一—三二三）。

如是，宋儒既是「束書不觀」（不作客觀具體的學問），又是祇肯寫「語錄」，亦即祇肯「隨便講講」（不作認真嚴格的思辨），則其「學問」之祇能滯留在師心自用、閉目談玄的層次，而不能在現實世界有任何落實，不能去理解，當然更不能去解決任何現實的自然問題、社會問題，自屬順理成章之至——按：我以為若有人謂「儒學」中缺乏科學民主精神而必須「開出」，祇要這一「儒學」指的不是孔孟而是宋明諸儒，則這一說法是可以了解的；按照上述理學家的「治學」態度，實在是除玄談外，任何稍有義意義的東西都是絕對不可能孕育出來，而必須藉外在力量去勉強「開出」的。

宋儒上述這種「治學」態度，當然又是與孔孟的態度適成兩極。孔子主張「學不厭，教不倦」「學而時習之」，主張「述而上作，信而好古」「發憤忘食」「多識草木鳥獸之名」「學詩學禮」「思而不學則殆」「終日不食，終夜不寢，以思，無益，不如學也」，主張「每事問」「三人行必有我師」「丘非生而知之者，好古敏以求之者也」，孟子亦主張「尚友古之人」「誦其詩，讀其書，不知其人可乎？是以論其世也」，凡此種種，人所共知，毋待多說。

（三）、理學家自「我即真理」至「以理殺人」

我願以宋明理學家的「做人」態度，亦即其處理現實道德生活的原則作風，來結束本文。

談到理學家或曰「道學家」的道德生活的原則，大家對其苛虐作風應該都是耳熟能詳了。清戴東原評宋儒說：「宋儒以理殺人，死矣，不可救矣！」民國五四運動以後流行多年的那句「吃人的禮教」，其意實與戴氏之旨一致。然則這究竟是怎麼回事呢？

就我所知，宋儒率皆自命已得先聖之傳，易言何之，「我即真理」，而古今中外任何自命業已掌握「真理」的人，鮮有不視他人為應該即是自己「教導」下的絕對服從者，鮮有不在心理上成為獨裁者暴君的。特別是宋儒，在思想上強調「理氣之辨」「義理之性氣質之性之別」「天理人欲之分」，同時又強調要「學聖人」，於是「聖人」也者，即「人欲滅盡，天理流行」的一個絕對苦行人物——這種事，自己其實極難辦到，但既自以為業已掌握其理，自以為自己即是「正義化身」，於是大可拿自己辦不到的那些「滅人欲」的苦行教條，以終朝板起面孔做人的神情，去勉強他人遵辦，庶可在他人身上感到自己正在「執行聖人之道」，正在「學習聖者氣象」；如此這般，對他人的責備愈苛刻，自己心中的那一「聖者」感也就愈滿足，從而終乃形成宋儒那種比古希臘「犬儒」其實遠有不如的、「寬以恕己，嚴以責人」現象——對己則「人非聖賢，孰能無過」，而對人則是「不為聖賢，便為禽獸」，即使最偉大者，也無非「人已皆嚴」，以要求於己者同時強加諸人，整個表現出一片「動輒責人以一死」的暴君習氣。

宋儒的此種道德原則，其實僅是暴君心理下「要求人民一不怕苦，二不怕死」式的荒謬苦行原則，因此其要求之不合理不合情，遂亦不問可知。諸如所謂「餓死事小，失節事大」，從寡婦到小孩一起餓死也不許這個寡婦為求活命而改嫁，即是大家習知的一例。

我已不願對此多所批評。我祇想說：孔孟之道絕非如是——孔孟從來不講「失節」如何如何（連管仲式「靦顏事敵」的這種「失節」都未嘗率爾責備，至於「舜不告而娶，君子以為猶告也」更是小兒科之至），尤其是從來不講「餓死事小」（講的是必須為了「成仁取義」纔祇好去死，「死有輕於鴻毛」，不取「暴虎憑河，死而無悔」以及「不孝有三，無後為大」等等）。至於「人欲」孟子對齊宣王所說的「王道」，正是「老者衣帛食肉，黎民不飢不寒；使內無怨女，外無曠夫」，好色好貨好勇好苑囿好世俗之樂，一切「人欲」祇要是「與民同之」（大家都能去享受）便「於王何有？」至於孔子，更是「食不厭精，膾不厭細」「富貴如可求，雖執鞭之士，吾亦為之」「邦有道，貧且賤焉，恥也」「君子疾沒世而名不稱焉」「子於是日哭，則不歌（弔喪之日纔不唱歌）」「游於藝」「一張一弛，文武之道也」，甚至可以常與弟子開玩笑「前言戲之耳」），可以黜子路、冉有、公西華等的治國之志，而極讚曾皙「春日晴，春服成，浴乎沂，風乎舞雩，詠而歸」的純生活享受之志……孔子的「人欲」可多著哩！

附記

本文基本上是方師東美先生《新儒家哲學十八講》一書的讀後感，雖則此中許多意見都是我反覆思索已久的。方先生不僅是我大學四年級轉讀台大時的老師，而且正是我大學畢業論文（方師賜名《大乘哲學範疇論》）的指導教授；不過，我對方師此書中的好些正面觀點，諸如《尚書・洪範》與《周易》乃是「原始儒家的兩套學術根據」，「老子」（按指《道德經》五千言作者）確為「孔子之師」，《論語》是「格言學」不能籠括整個孔子思想，哲學思想不能從知識論及現代「語言分析」觀點去批評等等，亦不盡同意其說，祇由於本文目的不在批評方師此書這些方面，當然祇好從略。

孔孟人生思想與康德道德哲學

本文本擬就筆者所體悟的孔孟人生思想中若干基本觀念，去審察康德在建立其道德哲學體系時所作結構中出現的某些關鍵性問題。由於雙方思想全屬體大思精，因此問題內容雖為筆者數十年來思慮之所傾注，到真正動手時仍發現幾乎無從下筆。在此種種困難下，筆者只好將本文寫作工作，改為「勉存綱領提要粗示思考脈絡」的大綱劄記方式，完全放棄最初打算「遂點仔細推敲，精思細析，並列舉充足原文引證及其仔細出處」的純正論文形式。外則神州鉅變，心不能安，內則學力才力乃至體力三皆不足，草率成文，知者諒諸。

一、孔孟之本體觀——天與性

孔子「罕言利，與命，與仁」，「不語怪力亂神」，「敬鬼神而遠之」，強調「天何言哉」，子貢亦曰「夫子之言性與天道，不可得而聞也」，換言之，孔子幾乎儘量避免有關形上問題的議論。孟子對此，雖偶或有所觸及，而實際所說亦不甚多。因此後儒各種有關天道性命的說法，恐怕大都出自戰國晚期經秦至漢，一直傳承不絕，至漢更發展為今文學及纖緯學說的原陰陽家之言（參閱民國七十六年八月台北國際方東美哲學研討會會上筆者所宣讀之拙作〈理學非孔孟之道〉一文），至於孔孟真正有關天道性命的主張，恐怕應以《孟子》的有關少數章句為準。在此，筆者最重視《孟子・盡心章》「盡其心者，知其性也，知其性則知天矣。存其心，養其性，所以事天也；夭壽不貳，修身以俟之，所以立命也。」這一段話，筆者認為這是窺察孔孟本體思想的關鍵性言論。

（一）天與萬有本體

孔孟未必明確具有如今人式之「宇宙本體」觀念，但漢儒董仲舒「道之大原出於天，天不變，道亦不變」的此一觀念，則是先秦以來諸家大致之所共許者，當亦不失為孔孟基本觀念之一。孔子曰「天生德於予」「天何言哉？四時行焉，百物生焉。」「君子有三畏，畏天命……」。孟子亦就政權遞嬗言天命，又云：「夫君子所過者化，所存者神，上下與天地同流」，可知在孔孟思想中，「天」既為宇宙萬有之概括觀念（或兼曰「天地」，「地」蓋特別標出宇宙之物質面之詞，在孔孟思想體系中當別無深義——即應別無「陰陽」「乾坤」之類暗示），又為宇宙萬有秩序及社會政治秩序之最高維繫者，同時復為生命及生命中各種價值理想之源，因此，孔孟之「天」，大致即相當於今人之「萬有本體」。

(二) 性與自我本體

當然，天之為萬有本體，起初僅是一種泛泛的假定性認識，在孔孟思想中，此點最後僅能歸於自證，但孔孟明文所言之諸內容，在「人」的問題上則已付出了極大的反省努力，獲得了極透闢的認識。孔孟的哲學性思考，最初本皆出於對社會政治各種現實問題的關心，追求「撥亂反治」之道，然後，了解到一切現實問題的根本即是「人」的問題，因而必須追求對「人之本質」的了解，亦即「人性」的了解。由是，孟子上承華夏上古文化精神的傳承，特別是廣稽三代之禮文，深察內心之仁慧的孔子，在其言行中表現出的思想精髓，再加上戰國中期已甚繁密成熟的邏輯理路，特別是孟子本身的傑出人生體證與睿智思考，終於建立了宋儒盛稱為「有大功於世」的「性善」之說——孟子省察到：人的生命必須是基本統一的，而這種基本的統一便是「我」(「無尺寸之膚不愛焉，無尺寸之膚不養也」「是故禮義之悅我心，猶芻豢之悅我口」「人之有是四端也，猶其有四體也，有是四端而自謂不能者，自賊者也，謂人不能者，賊人者也」「養其小體為小人，養其大體為大人」等等）；因此，「性」的表現，無論是飲食男女，七情之慾，以至富貴名利的追求，再直至仁義道德的「貴於己者」之肯定，無論是何種層次何種方面，總之，林林總總，全是「應該和諧一致，相輔相成，不矛盾，不割裂」，在每一層面都表現其為「可欲」亦即皆表現其為「善」的（「可欲之謂善」），如果不能和諧一致，反生矛盾衝突，則在「我的天性必須是統一的」的最高基礎上，必須假定此種矛盾衝突（「惡」）乃是假象，乃是出於自我的糊塗，自我的統一自覺之喪失「自喪其心」「放心」），猶如癲狂者之不知其所為一樣；因此，從人之本質來看，「我」必須統一，「性」必須統一，統一即和諧，和諧即盡是可欲，無所不善，故曰「性善」。（此處且略提一句，孔孟的「樂生」觀念，基礎也正在於此。）

　　在此種「自我的統一」「統一自我之所向的一切皆可欲，皆善」的體證下，孟子顯然即以此為「我之本質」所在，或曰「我之本相」所在，亦即為我所能當下親自體證的「自我本體」所在——至於在此之上，是否尚有更深刻更基本的「本體」「本相」，則我們除了孟子多少有所透露的「聖而不可知之之謂神」「上下與天地同流」等片言隻語，似在暗示孟子本人尚有更高體證而外，由於此處已涉及超現實神祕境界，非人人之當下皆可親自體證，則在一般儒家學術要求上，對此恐怕便只好「存而不論」了。

（三）萬有本體與自我本體之一如

上述以孟子所闡為主的孔孟思想中，萬有本體之「天」的意義，與自我本體之「性」的意義，都是相當確定的。但是，是否這二者真如孟子所指，以至秦漢之際儒者之所強調的，確可拉上某種交感互通式的密切關係呢？

孟子顯然認為這二者即是一體。自我本性的充分實踐徹底完成，即可上通於作為萬有本體（亦即生命大源）之「天」。這便是本文最初特別標出的孟子那段話：「盡其心者，知其性也，知其性則知天矣。存其心，養其性，所以事天也，殀壽不貳，修身以俟之，所以立命也。」

為甚麼自我天性的充分實踐，即是「事天」即可「知天」呢？孟子對此，彷彿天外神龍乍現即隱一般，事實上即已更無闡說。筆者揣想所得者是，孟子可能已多少觸及後世西洋康德式的知識論思路：我們所知的「宇宙」必須從「我」開始，所謂「宇宙」，無非「我」的感覺知慮所及的全域之總稱（杜甫詩「乾坤萬里眼，時序百年心」所表達的即是此一觀念），「我」即是所謂「宇宙」的真實核心所在；因此，「我的感覺知慮」（包括各種「可能的」「潛存的」層次）之充類至盡，雖為我當前的現實靈明所未克盡知，然而此一宇宙的存在既在事實體證上完全集中於「我」，則「我」的把握即是對此「全域」之可能把握的真實通道，是以存心養性即事天，此一功夫的充類至盡即「知性」亦即自然通乎「知天」，因此，萬有本體與自我本體即是內外一如，天人無間——後來那一其出處頗可疑，但應代表「孟氏之儒」思想的「中庸」，開頭那三句：「天命之謂性，率性之謂道，修道之謂教。」應該即直承上述這一孟子的可能認識而來。

當然，上述所云，初不外筆者個人揣測，不過這一揣測，揆諸孔孟一切言論及其他重要儒書，似乎都未見有所悖謬扞格，因此，筆者自信這一揣測是「可能的」，是「可以如是假定的」。

二、孔孟之本體自證與德性我之成立

假如上述筆者對孔孟道德思想的「本體設準」的這一詮釋想像大致還能成立的話，則孔孟有關天道人道種種思想的根柢，便應該設定為都在「性善」這一大綱節目之上，這即是說，孔孟思想的最基本出發點，似乎即是（請容許我在此不揣冒昧，擅行借用康德術語）「宇宙人生之先驗的統一」——這種「統一」，如再借用康德術語，似乎即可稱為「理性」，因為「理性」的最基本意義，應該即是「（事物之）和諧統一、秩然有序而不矛盾悖謬、紛亂滅裂（的原則）」，康德把「認知理性」與「實踐理性」這二者之間的更高統一，視為即是未來的哲學之完成（見康德《實踐理性批判》T. K. Abbott 譯本頁一八四），但在筆者了解的孔孟思想中，康德這一「（待完成的）理性（認知的與實踐的）全功能之整體，可自單一原則中繹出一切」云云，在孔孟體系中可說早已「完成」，因為「理性」亦即「和諧統一」云者，在它表現為知性的邏輯功能之先，根本即已在心靈的所有具體認識、具體活動、具體欲求中全面存在，它正是孔孟體系中的「天」與「性」之始，正是宇宙人生在現實中能夠成立的、超乎一切的「先驗設準」。

「宇宙人生之先驗的統一」，主要在人生這一方面，「宇宙的先驗統一」完全植根於「人生的先驗統一」。而「人生的先驗統一」，當然即是統一於「自我」這一核心（按：此實即是後世西洋康德的「先驗統覺」，而其在西洋的更早淵源，且應與笛卡爾的哲學出發點「我思故我在」相參證）；「自我」既有各種感覺形式，也有各種感覺內容，「感覺形式之統一」的原則即「認知理性」，「感覺內容（各種情意）之統一」的原則即「實踐理性」，前者成立「認知我」而後者則成立「德性我」（或「情意我」），在筆者了解的孔孟思想之（可能的或潛在的）體系之中，「認知我」與「德性我」實在是同時成立的。

有關「認知理性」的各種精微道理，在歷史上還得留待十八世紀德國的康德來細說端詳，孔孟對此當然毫未觸及（我們只見到孟子對邏輯原則的把握以「知言」為名，已到了精熟透闢、運用自如的地步）；但在「實踐理性」亦即「情意我」的把握或「德性我」的成立上，孔孟倒確已做足功夫，憑孔子的「仁」與「中」，孟子的「性善」這些字眼來揭開其基本道理的了。

（一）自我本體與現實意志之統一——「實踐理性」觀

「德性我」的建立，其實即是對於「情意我」之「必然有一先驗的統一設準」之自覺，而「情意我之先驗統一」亦即「自我意志之最高統一」，正便是西洋哲學特別康德哲學中所標舉的「意志自由」——叔本華嘗以揶揄口吻說道：「我們都有意志自由，可惜我們都不知我們意志之所向。」這話其實即是柏拉圖分析人的靈魂中有個「多頭怪獸」（需以哲學家的理智與勇士的意志去馴伏管制者），或朱熹所謂人心中「憧憧往來」之類話頭的另一說法，總之其所指陳者無非是：人沒有意志自由，因為人的「意志」變滅不寧錯落無序，而且自相矛盾自相對消，絕不統一，是以總覺得處處都是窒礙，如是自無「自由」可說。因此，「意志自由」也者，完全視乎「情意我之先驗統一」是否成立。

「情意我先驗統一」似乎無從證明，其實既形容為「先驗」，當然是說，它毋需證明而為必須一開始就得加以肯定的「設準」，因為「統一」乃是宇宙人生之能成立的最基本的基礎——「情意」必是「我的情意」，一切「我的」都必須隸屬同一個自我（否則即必分裂而不成其為「自我」，這是一種必然的了解，此種「必然性」之成立，亦極易完全引用康德在處理「知識如何可能」問題上所建立的那一「先驗統覺」思路來如式營造），因之一切錯落矛盾（恰如認知理性所對諸現象之必然呈現錯覺矛盾一般地），都必有其終可使之秩然有序的理性安排，而這種安排原則，乃是智者在現實人生實踐中大都可以自行發現，自行親證的。

這便是：我的各種情志欲望，絕非悉屬旗鼓相當、銖兩悉稱、讓我必須等量齊觀、否則即必顧此失彼者；情意與情意之間，無論在分量、方面、層次乃至階段性等等殊異尺度上，都必呈現出形形色色的不同，於是，具備深厚人生實踐經驗的智者，遂可以「小大輕重，先後終始，本末（根本與枝節）體用（目的與手段）乃至「遠近親疏」「情勢條件」等等價值權衡再加必要的知識了解來善自擇別，妥加清理，建立一個「在全面照顧下集中於當前的現實自我」的「實踐價值系統」——這便是孔子所說的「仁」（「回也三月不違仁，其餘日月至焉而已矣」這種顯然具有高度流動不居之靈活意義的「仁」），或曰「中」（「君子而時中」），或曰「無適無莫，義之與比」，或曰「無可無不可」，或曰「有一言而可以終身行之者，其恕乎？」（意即很難有確可終身行之而永無不妥的固定德目，「恕」僅是一勉強的答案），或曰「言必信，行必果，硜硜然小人哉！」等等；孟子的「執兩用中」，反對「執一廢百」「守中無權」，盛讚孔子為「聖之時者」，即是對這一「價值實踐系統」在運用上之靈動不滯性的最高說法。

（二）意志之統一與德性自覺之出現——生命目的觀

上述「實踐價值系統」的建立工作中，最困難的一點大概是：各種由聖哲賢豪乃至格言諺語教誨傳下的各種「德目」，所謂仁義禮智之行，在常識了解中往往都是與人之現實情欲利害背道而馳的（例如「為仁不富矣，為富不仁矣」之類），然則又如何可以像各種不同的現實情欲一般地納入這一「實踐價值系統」呢？以孟子為代表的孔孟思想對此的處理方式，其實仍與處理其他情欲衝突問題的「小大」（勿因小失大）「本末」（勿捨本逐末）等等原則並無二致，其代表性說法即是「大體小體說」以至「魚與熊掌說」。

孟子把仁義禮智之「端」（基本根荄）形容為「良知」「良能」，即不需思慮反省即可認識，不需意志努力即可實踐的天賦本識本能，而其證據即是孟子的「四端」說：「今人乍見孺子將入於井，皆有怵惕不忍之心，非欲納交於孺子之父母也，非要譽於鄉黨朋友也，非惡其聲而然也。是故無側隱之心，非人也，無羞惡之心，非人也，無恭敬之心，非人也，無是非之心，非人也。惻隱之心，仁之端也，羞惡之心，義之端也，恭敬之心，禮之端也，是非之心，智之端也。人之有是四端也，猶其有四體也。有是四端而自謂不能者，自賊者也，謂人不能者，賊人者也。」

孟子認仁義禮智之端為良知良能，以是而加「存養擴充」，則「可以保四海」，以至成為「塞乎天地之間」的「浩然之氣」（按此已鄰近孟子偶有透露的那種宗教性神祕境界，或者可以形容為「對生命本體之契合」等等，如後世禪宗之類所說，（但在此此點僅可保留為一種「猜測」），反之，如因外在陷溺（「凶歲子弟多暴」）或自暴自棄（牛山之木「旦旦而伐之」）而致忽視甚至抹煞此種良知良能，則曰「失其本心」（一簞食，一豆羹，得之則生弗得則死，蹴爾而予之，乞人不屑也。萬鍾則不辨禮義而受之，萬鍾於我何加焉？……此之謂失其本心）。因此，像仁義禮智這種良知良能，正如「四體」一般，乃我所本然具有者；一切本然具有者，都是我的生命內容，都是我應加珍惜重視的，故曰：「無尺寸之膚不愛焉，無尺寸之膚不養也。」如果僅養身體的一部分，「養其一指，而失其全身而不知也，則為狼疾人也。」因此，仁義禮智或曰人之道德生命必須珍視，甚至應該比「四體」還要珍視，因為這纔是人之「大體」所在（「養其小體為小人，養其大體為大人」），甚至，這還不僅是「大體」，這正是「全身」之所在——使我的生命不致分剖散裂崩解消滅而可真正凝為一體的「總持原則」之所在。

如是，在孔孟思想中，人之道德生命之所以可貴，正是由於它比一般的生物生命乃至社會生命（俗所謂權勢名利之欲所在的那一生命層次）都更要來得可貴，更見分外重要。孟子即在此揭櫫其「捨生取義」說云：「魚我所欲也，熊掌亦我所欲也，二者不可得兼，捨魚而取熊掌者也。生我所欲也，義亦我所欲也，二者不可得兼，捨生而取義者也。生，我之所欲，所欲有甚於生者，故不為苟得也；死，我之所惡，所惡有甚於死者，故患有所不避也。」

這樣，道德生命所在的「德性我」，乃是人之更根本、更重要、更高級的「我」；「我」的一切內容無一不可欲，無一不善，而只有道德生命纔是更大更高更全面的「善」——在孔孟思想中，生命是受到不需附加任何理由的尊重肯定的（按這其實即

「存在者本身即是被肯定的，對存在而不加肯定是不可能的」，因為這正是理性所無法接納的「自我否定」或曰「自我矛盾」，因此此點可旁通於黑格爾那一表現為「凡存在的都是合理的『必受自我肯定者』，凡合理的『能在精神中佔一確定地位者』都是存在的」說法的「存在論」，更具體地說，即黑氏《邏輯學》中極早標出的那一「自在」觀念，茲不贅），生命的目的即在生命本身，生命本身即是「樂」亦即最基本價值之所在；現在，道德生命既是更大更高更全面的生命，則道德生命自是我之生命的更大更高更全面的目的所在。這樣，孔孟不需如康德一般地努力嘗試各種（未必人人都可接受的）觀念架構，而「最高善」的這一觀念即已燦然大備。

三、孔孟本體自覺之擴充與大我意識之醒覺

這裏，上述孔孟思想似即進入了另一更見麻煩的問題：人之道德意識所表現的僅是仁義禮智甚或忠信節孝之類「德目」，「德目」似乎全是一些抽象的行為規則，

這與一般生物生命社會生命層次中的那些具體願望顯然是性質不同，層次有異，因而顯然是不宜以「小大輕重」之類量化的權衡來加比較的（按：康德學說在此乃立有「斷言令式」與「假言令式」這一分別）；然則何以孟子又特別要說成是「小體大體」「所欲有甚於生」之類量化區別呢？

孟子在此似乎有一個素為世所習知的「功能效果大小」的功利性解釋，即是《孟子》一開始的那段話：「王何必曰利，亦有仁義而已矣。……上下交征利，而國危矣。未有仁而遺其親者也，未有義而後其君者也。王亦曰仁義而已矣，何必曰利？」這應是大家耳熟能詳的解釋。但我的體會是，此中更大更深的道理顯然別有所在。

這一更大更深道理似乎是：「小體」應（借用菲希德的說法）即「小我」而「大體」應即「大我」，情緒意欲之心僅為生命中浮面局部之心而道德意識所在之心始是根本之心（「本心」——這便涉及了「人倫關係」以至充類至盡的「萬物關係」的自覺。（孟子曰：「萬物皆備於我矣。反身而誠，樂莫大焉：強恕而行，求仁莫近焉。」「萬物皆備於我」與「反身而誠」「強恕而行」乃至「樂」「仁」的關係，恐怕即應由本文此處所指陳者取解，茲不贅。）

（一）自個體主體自覺至眾多主體自覺之建立

在孔孟思想中，「個體自我」與「其他個體自我」之交感互通，以至匯為一個大生命，幾乎是理所當然地一開始便已建立的；孔孟簡直視「推己及人，由近及遠」為一個等如太陽從東邊出來一樣的客觀事實。為什麼孔孟能這樣理直氣壯，絲毫無所猶豫呢？

筆者對此的理解是：在孔孟思想中，「人我心意相通，苦樂互感」這一道理，乃是自生命剛一開始時便已成立的。人自受胎開始，生理生命即與母親的生理生命結成一體，嬰胎從最初的蒙昧自覺，以至愈來愈強的自覺發展歷程中，那種「與母體苦樂相共，痛癢相關，以至心意相通」之感，乃是隨其生理成長而愈益增進愈益清楚的，然後嬰兒終於出世，脫離母體，成為真正獨立的生命個體了，這時，更由於人是高級生物，必須在「親人哺育」下始克長成，所謂「三年然後免於父母之懷」，必須承受父母的提攜捧負，眠乾就濕的照顧，是以人在「個體自我自覺尚未形成而剛開始形成」之時，一切具體的飽暖安危之類具體喜怒哀樂，即與「大人」的喜怒哀樂相繫而不可分，其後，在社會生命文化生命中的成長更不待說。因此，人之「人我相通」簡直便是與生俱來的，所謂「推己及人」之「仁」乃是在自然生命的出現與成長中即一直存在的。故孟子曰：「人之生也，莫不知愛其親也；及其長也，莫不知敬其兄也。親親，仁也；敬長，義也。無它，達之天下也。」

不寧唯是，人必有父母，父母本身即夫婦之倫，夫婦之倫一開始即在生命繁殖的最強烈自然欲望中蘊有男女之愛，而「男女之愛」如所周知，適如正常的父母愛子女之每能奮不顧身，視子女禍福即是己身禍福一般，「男女之愛」正是芸芸凡夫俗子幾乎全可自覺到的一種「對方即是自己的一心同體，彼憂而憂，彼喜亦喜，與生理上的自己根本交融一如而泯然無別」的「同氣連枝」的關係。因此，孔孟思想核心整個樹立在「生命根源，生機核心，生理上的有機感通原理」（因而可自然發展出大生命自覺）之「仁」這一觀念上，而「為仁之本」即是「孝弟」，即是最先也最自然成立的人際感通之範型化。(「弟」尚有另一意義：兄弟關係因情同手足而自然相親，因長幼有序而自然使幼知敬長，然此中亦自能展現某種基本的「平等」意識，孕育某種基本的「獨立對等」觀念，由是在需要時，自可發為「制衡」「講理」「抗爭」「不屈從」「訴諸共尊之更高權威以為決」等作用；是以「弟」之為義，乃「敵體之親」，由是乃可自然擴展為「四海之內」眾人皆可相互建立的「朋友」之倫，再進而組成一確有感情而非純出功利需要之「社會」，茲不贅。)此外，與「百行孝為先」相伴的即「萬惡淫為首」，亦即對常人最易親自體證的「人我一如」這種人際關係(夫婦)之嚴格保護，這些全是孔孟在人之小生命擴為大生命的關鍵之點上，特別要強調親子關係、兄弟關係(「兄弟鬩於牆，外禦其侮」)與夫婦關係的理由所在。

(按一：孔孟強調「親子之倫」的親情，正是人之「大生命自覺」的原始根苗，世間一切價值在「自覺」這一意義上，都必須由此一根苗衍發而出；「由近及遠」，必如是始為真正在自覺中獲其依據的「價值」；因此，一切「價值」必不可取替「親子之倫」這一最基本價值，孔子的「父為子隱，子為父隱，直在其中矣」，孟子的「不以天下易其親」及「父子之間不責善，責善則離，離則不祥莫大焉」，皆可在此得解。同理，「夫婦之倫」亦是另一基本價值所在，因此中庸曰：「君子之道，造端乎夫婦」，易傳亦曰，禮義之道，造端乎夫婦」，詩三百篇要以「關雎」所詠男女相悅、「琴瑟友之」「鐘鼓樂之」為之首，後世更盛稱「糟糠之妻不下堂」，雖君命有所不顧，「不癡不聾，不作阿姑阿翁」，雖大逆犯上之言在閨房中亦皆可無所忌憚，等等皆同此義。）

（按二：由小生命擴為「眾多主體並立，並與我有其交感互通」的「大生命」，在理論層次上，亦可藉助康德知識論在先驗統覺中建立客觀宇宙的同一思想程序，另作更精密的建構，茲不贅。）

根據以上所說，孟子關於「小體大體」的說法，其實即是「小生命」與「眾多生命交感互通而成的大生命」之間的比較，「所欲有甚於生」，即是「對大生命之欲更甚於對小生命之欲」，因此，孔孟的仁義禮智這些道德意識絕非如康德之把「道德」懸空為不涉現實利害的僅僅抽象原則一般，孔孟的德目全是有具體內容的，全是以

「大生命中眾多個體之現實利害（亦即孟子不斷強調的只要「與民同之」便都屬王道仁政的那些好色、好貨、好勇【高強尊榮之感】，好逸樂、好榮貴、好平安、好世俗之樂【自覺悅耳之樂】等等）為其內容的。有的人以為孟子義利之辯，重義輕利，而所說「王道」內容則無一而非「利」，似不相通，實則「義」必不離「利」，不過這必是「較大的生命體之更廣闊更大規模的利」（如范仲淹所謂「一家哭何如一路哭」之類）而已。

（二）自眾多主體自覺至宇宙生命主體自覺之建立

準上，在孔孟思想中，建基於家庭倫理關係之上的「大生命」觀念乃是彰彰明甚，不需另加解釋的，但這一思想體系的範域尚不僅限於此。

孟子自「盡性」「集義」這一道德實踐功夫出發，講「善養浩然之氣」「知天」「事天」以至「萬物皆備於我」「上下與天地同流」「聖而不可知之之謂神」，孟子明白指點出了一個超現實的宗教性神祕境界，而這一境界顯然是從「親親而仁民，仁民而愛物」，自善端「存養」至「擴充」的一步步道德實踐之擴大深入中去求取某種神祕的自然感通而最後可以達成的，這種自然達成的境界，已是上同於「天」，或曰即是康德術語的「直窺本體」境界了。筆者認為要與孔孟思想與康德思想之比較以至會通，必須至此始稱抵達盡頭。此一盡頭處，菲希德、謝林、黑格、叔本華諸哲的基本思想似乎皆在閃耀流輝，躍躍欲出。所惜者是，這些已是「超聖賢式的人生實踐功夫」始克有所企望者，筆者不敏，對此深感已說無可說。（按：孔孟人生實踐之道不另列入宗教功夫，但在人倫日用集義成熟時卻自然可進入宗教境界，此蓋是人類思想史上最獨特的一系列學說，孔孟思想一大可貴處胥在於是。）

四、關於孔孟道德思想與康德實踐理性思想之異同

孔孟康德之間的比較甚或會通，恐怕是世界哲學史上極大極重極煩難的課題所在。筆者限於學力亦限於本文篇幅，無法真正從事此一工作，是以僅在文中各各可

能有關處所略加腳注，聊為筆者今後更多研究的「備忘箚記」，所以此處不擬亦不能真正去嘗試此一努力。

不過，適如本文全文之所擬說明者，筆者認為孔孟康德二者之間，真正可相比附的，恐怕只能是一些零星觀念（雖然這盡是一些「超高級觀念」）之表現出其為「人心之所同然」，或如宋儒所謂四海聖人之心之本無二致。至於在真正理論架構上，恐怕二者之間是極難比附的。

為甚麼？

因為，略如本文全文所說，孔孟思想的出發點，乃是完全自芸芸庸眾之現實知識、現實經驗、現實的飲食男女之欲與喜怒哀樂之情出發，再經由「四端」的反省與親子昆弟夫婦之間的感通，等等絕對現實、絕對平凡、絕對「功利」的情意審察而逐步建立的，而這些，卻正是康德要以「假言的令式」（功利思考）與「決定的判斷力（物理知識的判斷）」等等分別，來嚴格擯諸道德意識（康德叫做「實踐理性」）之外的。至於康德賴以建立其道德理論的「物自體」「我自體」「斷言令式」（即空無內容、徒有形式、必強調其「普遍性」而不理孔孟之「無可無不可」意義的「令式」）「反省的判斷力（審美的判斷力），藉以作為道德意識的『象徵』」這些主張，自康德而後，不同的學派與學派間言人人殊，顯然並不特受尊重，（例如 Weber and Perry 之西洋哲學史中，介紹康德知識論部分二萬言，而介紹康德道德學說及美學（實即康德道德學說附庸）者各纔三四千字，分別僅佔知識論介紹篇幅的約六分之一，足見哲學史家對康德學說的這一部分內容之亟欲「草草帶過」。）因此，康德之說，絕不似孔孟諸觀念之為「不離人倫日用」因而悉屬「人同此心，心同此理」的，人人皆可自省自證從而必須接受的常識。因此，康德的許多說法，構思雖巧（老實說，筆者的真正感覺是「煩瑣」而且「奇怪」「穿鑿」）恐怕皆未必真能成立，因此，恐怕其與孔孟思想間之比附（與今世某些論者所主張者適相背道而馳地）反而會構成對於孔孟思想真正了解的一些不相干的窒礙。

民國七十八年八月，香港太古城

文章發表記錄

談柏格森哲學

刊於《大學生活》第六十四期，一九六〇年一月出版

關於康德哲學問題的商榷

刊於《祖國》第一二八期，一九五五年六月出版，一九六二年六月改訂

先秦思想引論

原刊「馬來西亞文化公司」出版《歷史》第十冊，一九五九年九月初版

關於中西文化問題

刊於《中國學生周報》第五一八、五一九期，一九六二年六月出版

國家機體論發凡

刊於《祖國》第三六六期，一九六〇年一月出版，原題「論愛國」

哲學與美國文化精神

刊於《今日世界》第二三五期，一九六一年十二月出版

黑格爾哲學淺說

刊於《能仁校訊》第二十二期，一九八四年七月出版

從康德到現代哲學

刊於《能仁校訊》第二十九期，一九八五年三月出版

理學非孔孟之道——方東美先生《新儒家哲學十八講》讀後

宣讀於一九八七年國際方東美哲學研討會

孔孟人生思想與康德道德哲學

宣讀於一九八九年國際東西哲學比較研討會

蕭輝楷作品集

哲學問題論集

作　　者：蕭輝楷
責任編輯：黎漢傑
助理編輯：何佳樺
封面設計：Gin　蔡崇光
法律顧問：陳煦堂 律師

出　　版：初文出版社有限公司
　　　　　電郵：manuscriptpublish@gmail.com

印　　刷：陽光印刷製本廠

發　　行：香港聯合書刊物流有限公司
　　　　　香港新界荃灣德士古道 220-248 號
　　　　　荃灣工業中心 16 樓
　　　　　電話 (852) 2150-2100 傳真 (852) 2407-3062

臺灣總經銷：貿騰發賣股份有限公司
　　　　　　電話：886-2-82275988　傳真：886-2-82275989
　　　　　　網址：www.namode.com

版　　次：2021 年 9 月初版
國際書號：978-988-75759-3-1
定　　價：港幣 82 元　新臺幣 280 元

Published and printed in Hong Kong

香港印刷及出版